Josef Müllner *Welt*

D1935876

JOSEF MÜLLNER

Christ in der Welt

Aus den ORF-Sendereihen:
Christ in der Zeit
Morgenbetrachtung

TYROLIA-VERLAG
INNSBRUCK–WIEN

Titelfoto: Karlheinz Schuster, Oberursel

CIP-Kurztitelaufnahme der Deutschen Bibliothek

Müllner, Josef:
Christ in der Welt : aus d. ORF-Sendereihen: Christ in der Zeit, Morgenbetrachtung / Josef Müllner. – 2. Aufl. – Innsbruck ; Wien : Tyrolia-Verlag, 1983.
ISBN 3-7022-1308-2

2. Auflage 1983

ISBN 3-7022-1308-2
Alle Rechte bei der Verlagsanstalt Tyrolia
Gesellschaft m.b.H.,
Innsbruck, Exlgasse 20
Satz, Druck und Buchbinderarbeit
in der Verlagsanstalt Tyrolia
Gesellschaft m.b.H., Innsbruck

Inhaltsverzeichnis

Vorwort

Die vorliegenden Ansprachen habe ich im Lauf von zehn Jahren im österreichischen Fernsehen in der Sendung „Christ in der Zeit" gehalten, die des letzten Kapitels in der „Morgenbetrachtung" des Hörfunks.
Ihr gemeinsamer Inhalt ist der heutige Mensch in seiner Not und Freude an der Welt und an Gott. Inhalt ist Jesus Christus, der in diese Not und Freude einsteigt und in unsere Welt die Hoffnung Gottes bringt.
Im Fernsehen geht das Wort einen komplizierten Weg: Der Sprecher wird geschminkt, im Studio zurechtgesetzt und ausgeleuchtet. Er hat keine Zuhörer vor sich, nur Kamera, Mikrophon, Scheinwerfer und Geräte. Er sieht keine fragenden Gesichter, sondern hört nur: „Band läuft!" – Und beginnt dann in 30 Sekunden: „Guten Abend!"
Kann das Wort von Christus, vermittelt durch so viel Technik, sein Ziel finden: das Herz des Hörers, mit dem er glaubt? – Briefe und mündliche Geständnisse bejahen es. Ich danke der Technik und allen bei der Sendung mitwirkenden Menschen. Auch im Hörfunk!
Die Ansprachen sollen nun als Buch zu den Mitmenschen kommen. Durch die Maschinen des Buchdrucks wird das Wort noch einmal umgesetzt. Es kommt nicht mit Stimme und Bild, sondern in Schriftzeichen zu den Adressaten. Daß das Wort auch auf diesem Weg fähig ist, Glauben zu wecken, beweist die Bibel. Sie ist Schrift und ist doch lebendiges Wort Gottes, in dem Jesus Christus heute noch spricht.

Freilich verlangt Verkündigung durch Schrift eine andere Sprache als Verkündigung durch Stimme. Ich hatte deshalb Bedenken, diese Ansprachen drucken zu lassen. Dr. Raimund Tischler hat mich überzeugt, daß keine allzu großen Änderungen nötig sind. Er hat mir auch vieles an praktischer Arbeit abgenommen. Dafür schulde ich ihm freundschaftlichen Dank.

Ich freue mich, wenn die Ansprachen suchenden Menschen helfen, in der Not und Freude dieser Welt mit mir zu beten: „Ich glaube, Herr, hilf meinem Unglauben!"

Glauben

Jesus ist sein Name

Wie würden Sie das Kind nennen? Stellen Sie sich vor, Jesus wäre Ihr Kind!

An die wörtliche Bedeutung eines Namens denkt kaum jemand. Früher hat man beim Namen auch an die wörtliche Bedeutung gedacht. Man hat zum Beispiel gehofft, ein Gottfried wird mit Gott in Frieden leben. Manchmal hat man einem Menschen noch einen Namen dazugegeben, um ihn damit zu kennzeichnen. Sie haben von dem Richard gehört, den man „Löwenherz“ genannt hat, weil er so mutig war.

Was haben die Eltern Jesu gedacht, da sie dem Kind den Namen Jesus gegeben haben? – Zunächst ist der Name auch für sie einfach die Möglichkeit gewesen, ihren Buben eindeutig zu rufen, so daß er wußte: Ich bin gemeint. Es ist übrigens ein Name gewesen, den er nicht allein getragen hat. Im Judenvolk sind manche Buben herumgelaufen, die Jesus geheißen haben. Der Sohn Marias ist einer von diesen vielen Buben gewesen. – Zunächst.

Aber wie er an die Öffentlichkeit getreten ist, hat sich gezeigt, daß dieser Name bei ihm doch eine besondere Bedeutung hat. Wieso?

Jesus heißt: Gott rettet. Und an dem Mann aus Nazaret ist aufgefallen: Er heilt Blinde, holt Lahme aus dem Rollstuhl; er befreit Menschen, die von geheimnisvollen Gewalten geknechtet sind. – Und er beruft sich dabei auf Gott.

Jesus hat bei weitem nicht alle Kranken geheilt. Gerade

seinen engsten Freunden hat er zugemutet, ihm zu vertrauen, ohne daß er für sie Wunder wirkte. Er hat ihnen ihre fühlbaren Lasten nicht abgenommen. So als wollte er sagen: Glaubt mir, daß euch Gott auch in der Krankheit, die euch bleibt, und noch im Sterben gut ist und hilft!
Das hat Jesus am deutlichsten durch sein eigenes Beispiel an seinem Ende gezeigt. Die Spötter haben gerufen: „Wenn du der Sohn Gottes bist, steig herab vom Kreuz, und wir glauben!“ Er ist nicht herabgestiegen. Und er hat dennoch Gott auch am Kreuz Abba, lieber Vater, gerufen. Er hat auch im Sterben gehofft, daß Gott ihn rettet. – Gott hat ihn gerettet, nicht *vor* dem Tod, sondern *im* Tod. Er hat ihn auferweckt.
Die Leute, die das alles erlebt haben, haben gefragt: Wie heißt er? Jesus? das bedeutet doch: Gott rettet! Ist in diesem Jesus Gott nicht wirklich Befreier, Retter des Menschen geworden? Hat er in diesem Mann nicht gesagt und ausgeführt: Ich lasse euch nicht in einem schuldverstrickten Leben zappeln und nicht in einem sinnlosen Tod untergehen. Ich will nicht euer Richter sein und nicht teilnahmsloser Zuschauer, sondern ein Helfer, der euch beisteht.
Die Leute um Jesus haben immer deutlicher erkannt, daß sein Name nicht leerer Schall ist; daß hinter den menschlichen Zufälligkeiten seiner Namensgebung die Fügung Gottes stand, der wollte, daß dieser Name sich in seiner Bedeutung verwirklicht: Jesus, Gott rettet.
Sie nennen ihn auch Jesus. Ist Ihnen dieser Name ein inhaltloses Wort, das Sie nachsagen, weil andere es vorsagen? Oder sprechen Sie ihn damit persönlich an? Glauben Sie, daß er Ihnen im vollen Sinn des Wortes „Jesus“ ist, Gott, der Sie rettet?

Jesus – Wer ist dieser?

Was halten Sie von Jesus? Wer ist er?
In der ersten Predigt, die Petrus vor Heiden über ihn gehalten hat, hat er ihn einfach so geschildert: „Er ist umhergegangen und hat Gutes getan. Und den haben sie ans Kreuz geschlagen!“
Die Apostel haben sein Leben zuerst in vielem nicht begriffen. Vor allem haben sie nicht verstanden, wie dieser gute Mensch so grausam getötet werden konnte. Sie haben es nicht begriffen, bis sie das entscheidende Erlebnis gehabt haben.
Petrus erzählt es in seiner Predigt: „Gott hat ihn am dritten Tage auferweckt und ihn sichtbar erscheinen lassen. Wir haben nach der Auferstehung sogar mit ihm gegessen und getrunken!“
Aus dem Erleben „Er ist auferweckt!“ ist ihnen klargeworden: In diesem Jesus sind menschliches Elend und Gottes Größe beisammen. Der ist mit Gott eins, wie sonst kein Mensch. Sie haben ihn angeredet: „Sohn Gottes!“ oder „Herr und Gott!“ Und sie haben das ernstgemeint.
Diese Erkenntnis ist ihnen zum Schlüssel geworden auch für ihr eigenes Leben, für ihre Mühen und Freuden. Diese Erkenntnis hat sie fähig gemacht, den Menschen zu dienen, auch wo es fast aussichtslos war. Sie hat ihnen die Zuversicht gegeben: Jesus verläßt uns auch im Tod nicht. Es gibt ein Nachher, ein Weiterleben mit ihm!
Was halten Sie von Jesus? Was ist er Ihnen? – Nur ein guter Mensch?

Mir ist der Gedanke auch schon öfter gekommen, daß er vielleicht nicht mehr gewesen sei als nur ein guter Mensch. Aber ich habe mich in dieser Vorstellung nicht zurechtfinden können. Ich bin nicht davon losgekommen, daß die Apostel für ihren Glauben doch in den Tod gegangen sind. Für ihre Überzeugung: „Er ist auferweckt. Er hat sogar mit uns gegessen und getrunken!" –

Ich bin nicht davon losgekommen, daß in 2000 Jahren immer wieder Menschen für diesen Glauben Zeugnis abgelegt haben. Kleine Leute genauso wie große Persönlichkeiten. Auch in unserer Zeit. Etwa ein kritischer Denker wie Dag Hammerskjöld, der frühere Generalsekretär der UNO. Das können Sie in seinem Tagebuch nachlesen.

Es ist mir auch immer wieder durch den Kopf gegangen: Mit dem Glauben an Jesus, den Sohn Gottes, beurteile ich das Leben nicht nur optimistischer, sondern auch richtiger! Im Markusevangelium gibt es eine Stelle: „Ich glaube, Herr, hilf meinem Unglauben!" –

Sollte diesen Satz nicht jeder von uns in seine Sprache, in sein Leben übersetzen?

Christus – König

Früher hat der Gedanke an Christus, den König, noch viele begeistert. Wie viele Leute würden heute dafür etwas einsetzen?

Der politische Begriff „König" ist vergilbt. – Aber ein politischer König war Jesus ja nicht. Er hat selbst gesagt: „Mein Reich ist nicht von dieser Welt!" Er hat sich in einem anderen Sinn als König verstanden. Er hat über die Menschen eine gewaltlose Macht gehabt. Er hat in ihnen das, was von Mitmenschen oder aus eigener Schuld verschüttet war, freigelegt. Er hat das Verkümmerte wieder aufleben lassen. Er hat von Angst befreit. Er hat die Gedemütigten, die sich selbst nichts mehr wert waren, ihren Wert wieder erleben lassen. So sind sie frei auf ihn eingegangen. Und er hat denen, die andere mißbrauchten und ausnützten, entschieden zugesetzt. So hat er die Menschen bewegt. – Wie ernst er seine gewaltlose Macht genommen hat, beweist das Kreuz. Er ist der Folter und dem Tod nicht ausgewichen.

Vielleicht wissen Sie aus eigener Erfahrung, wie faszinierend das sein kann, wenn einen der andere ganz bejaht, trotz der Fehler, die man hat. Vielleicht haben Sie erlebt, wie einem das Unternehmungsfreude gibt, Mut, auch Schweres anzugehen und die Fähigkeit, auch anderen aufzuhelfen.

In Jesus haben das die Leute in einer von Menschen sonst nicht erlebten Tiefe erfahren. So sehr, daß sie sagten: „In ihm ist uns die Güte und Menschenfreundlichkeit Gottes erschienen!"

Jesus ist gestorben. Er ist hingerichtet worden. – Aber die

Menschen haben nach wenigen Tagen die Erfahrung gemacht: Es ist mit ihm nicht aus! Er lebt! Er ist, anders als bisher, und doch wirklich und persönlich wieder unter uns! Und es ging von ihm eine neue Kraft aus, die sichere Hoffnung: Es wird auch bei uns mit dem Tod nicht aus sein! Wir sind unbedingt und bleibend füreinander da! – Es war, als hätte Jesus die Grenze in ein neues Land hinein geöffnet; in ein Reich, das ganze Erfüllung besagt.

Christus ist König, das bedeutet: In Jesus hat Gott die Herrschaft seiner befreienden Güte angetreten. Er hat sie angetreten – noch nicht vollendet. Für ihre Vollendung sucht er unser Leben, unser entschiedenes Mittun an der Lösung der Menschen aus Unrecht und Angst; unseren Einsatz, der sich nicht bemißt nach dem Nutzen in diesem Leben, sondern nach dem Vertrauen auf Gott.

Ergreifend ist ein kurzer Bericht aus den echten alten Märtyrerakten des 2. Jahrhunderts. Der Bischof Polykarp ist als Greis gefangen und als Christ zum Feuertod verurteilt worden. Der Richter hatte Scheu, den alten Mann umzubringen und bot ihm einen Ausweg: „Fluche Christus, und du bist frei!“ Darauf sagte Polykarp: „86 Jahre diene ich jetzt diesem Herrn, und nie hat er mir ein Leid getan. Wie könnte ich ihm fluchen?!“ – Er hat sein Leben hingegeben.

Haben Sie die Möglichkeit schon einmal bedacht, daß auch Sie Ihr Leben einsetzen könnten, Mitmenschen aufzurichten, unverbittert trotz Mißerfolg, in einer Zuversicht über den Tod hinaus? Und daß damit die königliche Macht Jesu, die Güte Gottes, sich in Ihrer Umgebung zu entfalten anfinge?

Herrschaft Gottes

Jesus Christus ist gekommen, die Herrschaft Gottes aufzurichten.
Herrschaft: das hat einen üblen Klang! Es herrschen die Mächtigen über die Schwachen. Das Geld herrscht über die Armut. Und es herrschen – im persönlichen und geschäftlichen Fortkommen – Berechnung und Egoismus über Rücksicht und Gewissen. – Herrschaft hat keinen guten Namen.
Aber gibt es wirklich nur diese üblen Arten von Herrschaft? Sie empfinden es wahrscheinlich als angenehm und gut, daß etwa Evangelische und Katholiken seit einigen Jahren trotz nicht ganz überwundener Glaubensdifferenzen wesentlich besser miteinander leben. Beiden Seiten ist nämlich aufgegangen, daß sie einander in vielem mißverstanden und mißdeutet hatten. Nun hat sich – ein Stück Wahrheit durchgesetzt. Wäre es nicht gut, wenn in weiteren Bereichen – des religiösen und profanen Lebens – die Wahrheit zur Herrschaft käme?
Oder: Sie haben es im Film, vielleicht sogar in Wirklichkeit erlebt: Im Krieg wird eine Gruppe von Soldaten umzingelt. Sie müssen die Hände heben und werden entwaffnet: Herrschaft der Gewalt! – Haben Sie aber auch gehört, daß verbitterte Sterbende ihre Bitterkeit und Abweisung fallenlassen vor der Güte der Mutter Teresa und ihrer Schwestern in Kalkutta? Es gibt eine entwaffnende Güte! Eine Güte, die bezwingt durch Verzeihen, Helfen, durch Sinngeben. Übt Güte nicht eine beglückende Herrschaft aus?

Wenn Sie die Herrschaft Gottes fürchten, dann sind Sie wahrscheinlich falsch informiert. Gott kennt keinen Machtapparat. Wenn es so etwas in der Kirche gegeben hat, war es nicht von, sondern gegen Gott. Und Gott ist kein Konkurrent der Menschen. Er hat seinen Sohn Mensch werden lassen und sich zum Freund der Menschen gemacht.

In Jesus hat Gott gezeigt, wie er zu herrschen gedenkt: Jesus hat überzeugt – durch Wahrheit. Das war den Heuchlern nicht gelegen. Aber die Ehrlichen haben gesagt: Du sprichst beglückend, du hast Worte des ewigen Lebens! – Und Jesus hat überwältigt durch Güte. Die Verängstigten, die Ausgestoßenen, die Armen und Kinder sind vor ihm aus ihren Schlupflöchern gekrochen. Vor Jesus haben sie ihre Angst fallen lassen.

Herrschaft Gottes heißt: Es werden sich unter den Menschen Wahrheit und Güte durchsetzen. Wahrheit und Güte, wie sie – durch Jesus Christus – ausgehen von Gott.

Aber Jesus hat sogar diese gute Herrschaft den Menschen nicht aufgezwungen. Er hat die Menschen zum eigenen Nachdenken, zur freien Sinnesänderung aufgemuntert. – Eine wahrhaftige und gute und darum endgültige heile Menschheit wird kommen. Das hat Gott in Jesus Christus versprochen. Aber so eine Menschheit wird es nicht geben ohne Sie und mich, ohne die Entscheidung des Menschen.

Der ganze Glaube

Der Glaube scheint kompliziert. Ich weiß gar nicht, wie viele Wahrheiten er enthält. Und doch hat ihn Jesus in einen Satz zusammengefaßt: „Kehrt um, das Himmelreich ist nahe!" In der Sprache unserer Zeit würde er vielleicht sagen: „Gott steht in der Tür, laßt ihn ein!" – Stellen Sie sich das vor!

1. Sie sitzen im Zimmer und denken nach: Wieso Sie im Beruf weniger Glück haben als Ihr Kollege; ob Ihr Bankkonto reicht, neue Möbel anzuschaffen; und warum ihre Kinder schwierig sind. – Da kommt jemand an die Tür und klingelt. Es ist einer, der Ihre Fragen sichten kann nach Wichtigkeit oder Bedeutungslosigkeit; einer, der in ihrem Interesse denkt und handelt. Werden Sie ihn einlassen?

Jesus sagt: „Gott steht schon in der Tür." – Gott kann Ihre Fragen sichten. Er sieht über die menschliche Ameisenperspektive hinaus. Vor ihm sind tausend Jahre wie ein Tag. Er weiß, was zählt. Und er hat Interesse für Sie. Er geht mit, er läßt Sie nicht im Stich. Er hat sich geradezu vorgestellt mit dem Namen: „Ich bin der, der für euch dasein wird!"

Gott steht in der Tür. Lassen Sie ihn ein? Lassen Sie ihn in Ihrem Leben mitreden? Fragen Sie ihn, was er von Ihren Problemen für wichtig und was er für nebensächlich hält? Glauben Sie an seine Führung? Vertrauen Sie sich ihm an? – Der ganze Glaube ist in dem einen Satz enthalten: „Gott steht in der Tür, laßt ihn ein!"

2. Sie sagen ihm also „Herein!". Aber dann passiert etwas

Unerwartetes. Er kommt nicht. Jedenfalls nicht so, wie Sie ihn erwartet haben. Er kommt anders.
Johannes der Täufer hatte auf das Eingreifen Gottes gewartet. Er hatte gemeint: Durch Jesus wird Gott Ordnung schaffen. Er wird aufräumen mit dem Unrecht und mit den Gaunern. Er wird Gericht halten. Aber nichts von all dem ist dann passiert. Jesus hat sich vielmehr mit den Gaunern zu Tisch gesetzt. Der Tyrann Herodes hat sich mit der Frau seines Bruders vergnügen können, und den Täufer hat er dafür in seinem Kerker schmachten lassen. Gott hat nicht eingegriffen.
Gott kommt auch heute nicht als ein Messias, wie ihn viele wünschen, als ein Machthaber, der aufräumt. Gott hat Geduld, er hat den langen Atem. Er hat Erbarmen. Auch mit den Gaunern. Er haut nicht drein. Er achtet die Freiheit. Er richtet, aber nicht zugrunde. Er richtet auf. Wo ein Halm geknickt ist, reißt er ihn nicht ab, sondern hebt ihn zurecht.
3. Der ganze Glaube ist in dem einen Satz enthalten: Gott steht in der Tür, laßt ihn ein! – Das hat freilich noch eine dritte Seite. Gott steht in der Tür. Er ist noch nicht ganz hereingekommen. Er wird aber noch ganz kommen. Er hat noch mehr vor, als er bis jetzt getan hat. Er will in der Welt volle Gerechtigkeit, Wahrheit und Brüderlichkeit aufrichten. Er wird die Unterdrückten befreien, die Wunden heilen, die Menschen von ihrem Egoismus läutern. Dazu will Gott unsere Mitarbeit und er wird darüber auch Rechenschaft von uns fordern. Wer ihn nicht in sein Leben hineingelassen hat, der wird dann endgültig spüren, wie leer sein Dasein ist. Der wird erfahren, daß er sich selbst gerichtet hat.
Gott steht in der Tür. Auch bei Ihnen. Er bietet Ihnen seine Hilfe und will mit Ihnen gehen. Lassen Sie ihn ein?

Boden unter den Füßen

Es gibt Psychologen, die folgende Übung empfehlen: Empfinden Sie beim Gehen bewußt, wie Sie mit den Fußsohlen auftreten! Dabei spüren Sie: Sie steigen nicht in Leere, sondern haben festen Boden unter den Füßen.

In einer Zeit, in der alles zu wanken scheint, tut diese körperliche Erfahrung gut.

Gibt es diese Erfahrung nur im Bereich des Körpers?

Sie leben in der Kirche; in der katholischen oder in einer anderen christlichen Kirche. Sie sind getauft. Mit allen Getauften beten Sie zum Vater im Himmel. Und Sie verlangen danach, von sich selbst loszukommen, um für den Mitmenschen frei zu werden und vertrauen zu können, daß Gott Sie dabei hält.

Treten Sie mit diesem Glauben ins Leere – oder haben Sie damit festen Boden unter den Füßen? Stützt sich der Glaube der Kirche auf Geschichten, die erfunden sind, um dem Leben einen Sinn zu geben? Oder baut er auf geschichtliche Wirklichkeit?

Es hat jedenfalls in der Kirche immer Leute mit ausgeprägtem Wirklichkeitssinn, Männer der Wirklichkeit gegeben. Nicht phantasievolle Dichter, die Geschichten erfunden haben, um das Leben zu deuten, sondern Fischer, an handfeste Arbeit gewöhnt. Wir kennen sie aus Schriften, die sie in ihrer konkreten Menschlichkeit, auch mit ihren Fehlern schildern. Diese Männer haben einen Menschen getroffen, der die Mitmenschen bis zum letzten geliebt und der Gott grenzenlos vertraut hat. Ihre wesentliche Erfahrung mit

diesem Menschen Jesus haben sie zusammengefaßt in die Sätze: „Er ist für unsere Sünden gestorben. Er ist begraben worden. Und er ist auferweckt worden. – Und er ist uns erschienen.“ Sie waren überzeugt, daß in diesem Menschen Gott selbst sich endgültig mit uns verbunden hat. Deswegen haben sie – wie er – es gewagt, die Mitmenschen zu lieben und mit ihm sich auf Gott zu verlassen.
Die Erfahrung mit Jesus war den Aposteln eine Wirklichkeit, für die sie sich peitschen und schließlich umbringen ließen.
Die Botschaft von Jesus ist von den Aposteln und der jungen Kirche weitergegeben worden, mündlich und schriftlich. Und in allen Jahrhunderten haben mutige Menschen sie ins Leben übersetzt. Das Zeugnis der Apostel ist der Boden geblieben, auf den die Kirche ihren Glauben baut.
Sie leben in der Kirche. Mit den anderen Christen beten Sie wie Jesus zum Vater und mühen sich recht und schlecht um Nächstenliebe. Sie hoffen wie er auf das ewige Leben. Treten Sie mit so einem Glauben ins Leere oder haben Sie Boden unter den Füßen?
Ich kann Ihnen die Antwort nicht abnehmen. Überlegen Sie selbst und wagen Sie – mit den Aposteln – etwas an Nächstenliebe und Gottvertrauen.
Und ich bin zuversichtlich: Sie werden selber die Antwort finden!

Glauben in Gemeinschaft

Vor kurzem habe ich mit einer Gruppe gebetet. Die Leute haben mir gesagt: Wenn wir mehrere sind, geht es. Allein gelingt uns das Beten nicht recht.
Was vom Beten gilt, gilt auch von anderen Äußerungen des Glaubens. Zum Beispiel: Für sich allein wissen oft Jugendliche nichts mit dem Evangelium anzufangen. Wenn sie mit den Brüdern von Taizé sprechen, finden sie Sinn darin.
Zum Glauben braucht der Mensch die Stütze der Mitmenschen.
Daß zwei mal zwei vier ist, sehe ich allein ein. Glauben ist aber mehr als das Einmaleins. Wenn ich an irgendwen, meinetwegen an einen Menschen, glauben soll, muß ich mich auf ihn einlassen, mich ihm anvertrauen, mich ihm ausliefern.
Haben Sie schon einmal ein Kind beobachtet, das darangeht, einem Menschen sein Vertrauen zu schenken? Es schaut erst umher, ob auch die Anwesenden diesem Menschen vertrauen. Erst wenn es in ihren Gesichtern ein Ja wahrnimmt, wagt es den Schritt in seine Nähe – und in seine Arme.
Ein Du ist nicht zu durchschauen wie eine Zahlenreihe. Vor allem nicht das Du, das *die* Liebe ist: Gott. Zu Gott hin kann man sich darum nicht durchrechnen. Zu Gott hin wird der ganze Mensch angefordert. Und dazu braucht es die Ermunterung, die Ermächtigung durch den Glauben der anderen.
Das gilt noch in einem zweiten Sinn. Wir brauchen zum Glauben nicht nur die Menschen um uns, sondern auch die

vor uns, die früheren Geschlechter. Der Glaube ist eine alte Liebesgeschichte, die viele Generationen zurückreicht. Daß wir uns Gott ausliefern dürfen, daß er verläßlich gut zu uns ist, wissen wir aus dem Sterben und Auferstehen Jesu. Da hat er zu uns gesagt: Wenn ihr meine Liebe ernst nehmt, dann könnt ihr unbedingt mit mir rechnen.

Aber woher wissen wir, daß Jesus auferweckt wurde? Mathematischen Beweis gibt es dafür keinen. – Wir haben Zeugnisse von Menschen, die seine Nähe und sein Wirken auch nach seinem Tod erfahren haben, denen er erschienen ist; Menschen, die sich darauf verlassen haben, die in ihrem Leben und Sterben an den auferstandenen Jesus geglaubt haben. – Die Evangelien sind schriftgewordener Glaube der ersten Christen.

Und selbst die Evangelien wären heute für uns kaum viel mehr als tote Pergamente, wenn nicht von Jahrhundert zu Jahrhundert Menschen danach gehandelt hätten, wenn die Evangelien nicht als lebendiger Glaube weitergereicht worden wären. Würde das Wort Jesu: „Selig, ihr Armen!" wirklich noch Menschen drängen, sich um die Armen der Welt zu kümmern und mit ihnen solidarisch zu leben, wenn nicht immer wieder Menschen wie Franz von Assisi gelebt hätten, die tatsächlich ganz arm und dabei ganz froh gewesen sind? – Würde Mutter Teresa in Kalkutta heute auf Jesus vertrauen und nach seiner Botschaft leben, wenn nicht Menschen vor ihr an ihn geglaubt hätten?

Sie hören heute manchmal das Wort: Jesus ja, Kirche nein! Denken Sie bei dem Wort Kirche einmal nicht nur an Hierarchie, auch nicht nur an katholische Kirche! Wäre uns Jesus Christus nicht längst zerbröckelt und entschwunden, wenn es nicht – jetzt und durch alle bisherigen Jahrhunderte – Gemeinschaft von Glaubenden, Kirche gegeben hätte?

Die mit ihm lebten

Wir hören von Jesus aus einer Entfernung von 2000 Jahren. Wie haben ihn jene kennengelernt, die mit ihm gelebt haben?

Petrus zum Beispiel. – Jesus hat ihn angeschaut und zu ihm gesagt: „Du bist ein Fels! Auf dich werde ich bauen!" Damit war dem Petrus klar: Jesus will ein politisches Reich gründen und ich werde darin der erste Minister!

Oder denken Sie an Maria von Bethanien! In ihrem Haus ist Jesus oft eingekehrt. Der Messias in ihrem Haus! Sie hat gedacht: „Dem soll es bei mir gutgehen!"

Das war die erste Reaktion derer, die mit ihm gelebt haben: Sie haben sich vom Messias etwas erhofft. – Bald aber ist die zweite Erfahrung gekommen:

Martha hat statt einem Lob für ihre Aktivität von ihm gehört: „Du kochst und rennst und stopfst mir den Mund, während ich von Gott mit euch reden will! Du versäumst deine Chance!" – Und dem Petrus hat Jesus gesagt: „Wer bei mir etwas werden will, der muß bereit sein, den anderen wie ein Knecht zu dienen."

Jesus hat die Wunschträume seiner Leute frustriert, immer wieder. Die mit ihm gelebt haben, sind in ihren Erwartungen ständig enttäuscht worden. – Dennoch sind sie von ihm nicht losgekommen. Zu wem sollen wir sonst gehen, hat Petrus gesagt, du allein hast Worte, hinter denen man Gott spürt!

Ich möchte Ihnen von einem Dritten erzählen, der ihn erlebt hat. Man nennt ihn Dismas. Wie er wirklich geheißen

hat, weiß man nicht. Er könnte ein politisch-religiöser Terrorist gewesen sein. Einer, der mit Gewalttaten das Volk Gottes, die Juden, von der römischen Besatzungsmacht befreien wollte. Aber er ist gefaßt worden. Und die Römer sind mit Terroristen nicht zimperlich umgegangen. Sie haben ihn ans Kreuz gehängt. Dort hat er die Bekanntschaft Jesu gemacht. Den hat man neben ihn gehängt.
Die Wundermacht, die Jesus früher hatte, war einer totalen Hilflosigkeit gewichen. Jesus hat gestöhnt wie er. Nur eines ist ihm aufgefallen: Jesus hat niemand verflucht, er hat noch für die Peiniger gebetet. Und er hat um Vergebung gerungen. – Wäre es denkbar, so mag Dismas überlegt haben, daß der Messias ohne Waffen und trotz äußerer Niederlage siegt: weil er die Menschen unbedingt liebt und sich Gott restlos ausliefert? Sie kennen das Wort, das Dismas zum Nachbarn am Kreuz hinübergesprochen hat: „Denk an mich, wenn du in dein Reich kommst!" Jesus hat geantwortet: „Du wirst noch heute mit mir dort sein!"
Die beim Kreuz gestanden sind, sind zunächst völlig enttäuscht worden. An der Folterstätte ist kein Platz mehr gewesen für Minister- und Köchinnenträume. Aber die Enttäuschung hat den Weg freigelegt für die letzte Erfahrung mit Jesus, die ihnen dann vom dritten Tag an aufgegangen ist. Sie haben gesehen: Er lebt! Und er lebt, *weil* er anders gelebt und gehofft hat als wir! Wir hatten gehofft, Gott und die Mitmenschen sollen für uns dasein. Er ist für Gott und die Menschen dagewesen. Und er ist zum endgültigen Leben auferweckt worden, weil er geliebt und gehorcht hat.
Wir kennen das Leben Jesu aus einer Entfernung von 2000 Jahren. Wenn wir uns für ihn interessieren, machen wir dennoch mit ihm ähnliche Erfahrungen wie jene, die mit ihm gelebt haben.

Maria – Vorbild des Glaubens

Maria ist als Durchschnittsmädchen in einem unbekannten Winkel der Welt aufgewachsen. Wahrscheinlich konnte sie sich für den Alltag nicht einmal Sandalen leisten, sondern stand mit bloßen Füßen auf dem Lehmboden ihrer Behausung.

Was war ihre Größe und ihr Glück? Daß sie die Mutter Jesu war? Aber Jesus selbst hat darauf eine recht ernüchternde Antwort gegeben. Als eine Frau aus dem Volk sie deswegen glücklich pries, winkte er ab: „Glücklich zu preisen sind jene, die das Wort Gottes hören und verwirklichen!"

Ihr Sohn hat ihr übrigens einige Schwierigkeiten bereitet. Sie kennen die Geschichte im Tempel. Damals hat sich der Zwölfjährige schon aus der Mutterbindung gelöst und sich an seine künftige Aufgabe gebunden, den Ruf Gottes. Für Maria war das schmerzlich. Sie hat ihn nicht verstanden, sagt die Bibel.

Jesus hat auch später, als er in der Öffentlichkeit wirkte, seine Mutter in eigenartiger Distanz gehalten. Einmal wollten sie und andere Verwandte ihn sprechen, konnten aber wegen der Volksmenge nicht an ihn heran und ließen ihm sagen: „Deine Mutter und deine Brüder warten." Da zeigte Jesus auf die Menschen, die ihm zuhörten und sich für das Reich Gottes interessierten, und sagte: „Die sind meine Mutter und meine Brüder!" Eine Mutter hat mir zu dieser Stelle gesagt: Für mich wäre so eine Antwort furchtbar. Ich würde sie nicht verkraften!

Maria hat sie verkraftet. Sie hat sich nicht dagegen aufgelehnt, daß sie im Hintergrund stehen mußte – und sie hat sich nicht in den Schmollwinkel gestellt, da sie in ihrer Mutterliebe wenig zur Geltung kam. Sie war frei von Prestige-Denken und von Selbstbemitleidung. Nicht aus eigener Kraft. Sondern weil sie sich auf ein Wort verließ, das sie gehört hatte: „Der Herr ist mit dir!“ Sie hat die Zusicherung der Nähe und Hilfe Gottes ernstgenommen, auch wenn die Tatsachen anders ausgesehen haben. Und das ihr Leben lang. Der Glaube an die Treue Gottes hat sie frei gemacht.

Sie hatte aber noch eine letzte Krise, ihre schwerste Probe zu bestehen, die Katastrophe ihres Sohnes. Jesus wurde zum Tod verurteilt und vor ihren Augen gefoltert. Und Jesus hat ihr vom Kreuz herab gesagt: „Frau, sieh deinen Sohn!“ Er hat damit Johannes gemeint und ihr angedeutet: „Gib mich frei für das, was geschehen soll! und nimm statt meiner ihn! Nimm die, für die ich sterbe, zu deinen Söhnen!“

Maria hat die Kraft aufgebracht, in dieser Stunde nicht zusammenzubrechen. Unter dem Kreuz hat Maria ihre Freiheit voll und endgültig entfaltet, indem sie sich unbedingt an den Plan Gottes gebunden hat, auch wo dieser Plan undurchschaubar war. Das war ihre große Tat.

Was ist die Größe Marias? Ich stelle mir ihr Glück im Himmel nicht vor als tausend Freuden, die sie zu Lebzeiten entbehrt hat, als nachgeholtes Mutterglück und himmlisches Ansehen. Ich glaube an keinen Himmel, der Ersatz für diese Welt wäre. Ich halte für ihre Freude in der Vollendung, daß sie für immer geprägt ist von ihrem liebenden Gehorsam auf der Welt und daß sie erfährt: In den Augen Gottes ist Freiheit, die sich bindet und hingibt an den Willen Gottes, die eigentliche Größe. Und groß zu sein in den Augen Gottes, halte ich für das vollendete Glück.

Aberglaube

Jetzt kann man mit der Religion endlich was anfangen. Auf einem Grundstück, in dessen Rasen ein Engel ein Kreuz gezeichnet hat, gibt es Wasser. Wer davon nimmt und es, etwa in einem Einsiedeglas, in den Kühlschrank stellt, kann ein Wunder erleben. Zwei Frauen haben es getan. Und siehe, das Wunderwasser ist zu einer Madonna mit Kind gefroren. Etwa 20 Leute sollen es gesehen haben.

Es ist wohl der Fortschritt unserer Zeit: Was Christus sein Leben lang entschieden verweigert hat, so ein Schauwunder, das können wir heute im Eisschrank erzeugen.

Ich habe ein anderes Wundermittel in die Hand bekommen, einen Brief. Darin lese ich: „Gruß aus Lourdes! Schreiben Sie diesen Brief dreimal ab und senden Sie ihn an Familien, denen Sie Gutes wünschen. In 24 Stunden bringt er Glück. Aber 24 Stunden nach Erhalt muß er abgesandt sein. Sonst trifft Sie ein Unglück. Eine Frau schrieb diesen Brief nicht ab und hatte einen Unfall, an dem sie 24 Stunden danach starb."

Mit dem Brief habe ich also – die Vorsehung Gottes in der Hand. Ich muß freilich gestehen: Ich habe den Brief nicht abgeschrieben und verschickt. Nach Ablauf der Frist ging es mir noch in jeder Beziehung gut.

Wollen Sie noch eine Möglichkeit kennen, Ihr Geschick zu lenken? Fragen Sie das Horoskop! Sind Sie etwa ein Wassermann? Dann unternehmen Sie morgen nichts Wichtiges! Es ginge schief! Oder sind Sie ein Löwe? Nur Mut, die ereignisreiche, glückliche Periode kommt in wenigen Tagen!

Wir Christen selbst finden übrigens allzu leicht für jede Not eine sicher wirkende Andacht; und fürchten uns dann vor der Drohbotschaft: Wenn ihr dieses und jenes Gebet nicht verrichtet, ist das Strafgericht Gottes nicht aufzuhalten.
Im Grund ist all dies dasselbe: Wir hoffen, die geheimen Mächte des Daseins zu lenken. Wir wollen Gott in den Griff bekommen. Mit Religion freilich hat das so viel zu tun wie die Pose eines Affen mit dem Tun des Menschen.
Gott ist doch kein Hanswurst, der auf Abruf für Zauberstücke bereitstünde!
Gott bietet uns Glück, aber nicht wenn wir dem Horoskop folgen, sondern wenn wir die Aufgabe, die uns gestellt ist, sachgerecht, nach den Gesetzen, die er in die Welt gelegt hat, meistern.
Christus ist uns nahe, aber nicht im Rasenkreuz oder in der Kühlschrankmadonna, sondern im Mitmenschen, der unsre Hilfe braucht. Vor ein paar Tagen habe ich eine alte Frau gesehen, die sich nicht über die Straße gewagt hat. Die bei der Hand nehmen und über den Zebrastreifen geleiten, heißt Christus berühren.
Und Gott ruft uns zur Freude. Aber nicht, indem wir Kettenbriefe verschicken, sondern indem wir *uns* verschenken. Wer sich verschenkt, der behandelt das Beste, das diese Welt hat, sachgerecht, nach dem Willen Gottes: das Herz des Menschen. Und der darf vertrauen: Er verliert sich nicht. Auch wenn er eine Zeit durch Dunkel fällt, er fällt einer letzten, alles umgreifenden Liebe in den Arm.

Begegnung mit Gott

Sonntag – Tag der Stille

Wie haben Sie den Sonntag verbracht? Sind Sie möglichst lange im Bett geblieben und haben Sie den ganzen Tag gegähnt, sonst nichts? – Schade! – Oder haben Sie sich am Sonntag füttern lassen mit allem, was Ihnen die Unterhaltungsindustrie bietet? – Schade! – Andere Menschen fahren jeden Sonntag möglichst viele Kilometer mit dem Auto. – Auch schade! – Ich wüßte bessere Möglichkeiten, den Sonntag zu nützen. Eine will ich Ihnen nennen.

Die Arbeitswoche zehrt an Ihnen. Am Sonntag könnten Sie nachholen, ergänzen, was Ihnen die anderen Tage vorenthalten. Von Montag bis Freitag sind Sie mit Geschäften und Sorgen überhäuft. Sie müssen hasten und verlieren sich im Getriebe. Wahrscheinlich können Sie die alte Erfahrung bestätigen: Man kommt vor Lärm nicht mehr zu sich.

Sollten Sie nicht am Sonntag vor allem das: zu sich kommen? Wieder Mensch werden – und Christ? Jener doch glückliche Mensch und Christ, der Sie sein könnten, der Sie aber in der Hast und im Lärm der Woche nicht sind.

Um zu sich zu kommen, muß man sich Zeit nehmen und still werden. Und in der Stille etwa lauschen. Können Sie das? Es gehört zum Menschsein!

In der Stille kann man die Geheimnisse der ganz gewöhnlichen Umwelt auf sich wirken lassen; ähnlich, wie es Alexander Solschenizyn bei anderer Gelegenheit getan hat. Er mußte im Straflager Holz sägen. Und er tat es müde, fast ohne Lebenswillen. Da ergriff er einen Ulmenbalken und, so sagt er selbst, er schrie auf: Der Balken, der ein Jahr zuvor gefällt, vom Traktor geschleppt, in Teile zersägt, herumgeworfen und aufgestapelt worden war, dieser Ulmenbalken trug einen frischen grünen Trieb. Solschenizyn wagte nicht, ihn zu zerschneiden. Er sagte: Wie sehr er doch leben will, stärker als wir!

Am Sonntag möchte ich mir die Welt und die Mitmenschen schenken lassen. Im Lauschen und Schauen, im Michbeschenken-Lassen kann mir bewußt werden, daß mir Gott nahe ist – und daß er mir sagt: „Es ist gut, daß es dich gibt!" Daß er es mir sagt, trotz meiner Mängel und meiner Schuld. Sonntag sollte nicht zuletzt ein Tag des Gebetes sein. Und beten heißt hören, erfahren und glauben, daß Gott mich mag. – Und dann antworten. Vielleicht können Sie ihm etwas Ähnliches sagen: „Ich bin froh, daß du bist und daß du mir nahe bist. Deine Gedanken sollen sich verwirklichen. Dir vertraue ich. Ich will mithelfen". Sie können das auch mit den Worten des Vaterunser sagen.

Meinen Sie nicht, daß ein Sonntag, der ein Stück Stille und Gebet enthält, in die Woche hineinwirkt mit Orientierung und Freude? Daß Sie dann auch an Werktagen eher Sie selbst sein können, ein glücklicher Mensch und Christ?

Messe noch gefragt?

Beinahe in jeder Familie sagt ein Sohn oder eine Tochter: Die Sonntagsmesse gibt mir nichts – und bleibt weg.
Warum wohl? Vielleicht, weil viele Erwachsene wegbleiben. Das Beispiel der Lauheit weckt kein Leben des Glaubens. Ich möchte aber heute einen anderen Grund nennen.
Ich selbst bin, wie die meisten von Ihnen, zu individueller Frömmigkeit erzogen worden, auch bei der Messe. Den Nebenmann in der Bank nicht stören und von ihm nicht gestört werden, das war die Bedingung der Andacht.
Heute brauchen junge Leute mehr. Sie suchen Gemeinschaft. Überall. Und nicht nur aus Sehnsucht nach Geborgenheit, sondern weil sie merken, daß wir die Aufgaben der Zukunft nur noch gemeinsam bewältigen können. Sie haben ein Gespür, daß man die Welt nicht als Einzelgänger besser, geschweige denn christlich macht – und daß man auch den Himmel nicht im Gänsemarsch erreicht. Die ersten Christen waren, auch von der Eucharistie her, ein Herz und eine Seele. Das wollen junge Leute spüren.
Ich frage also: Warum grüßen wir einander kaum, wenn wir uns zur Sonntagsmesse am Kirchentor begegnen? Warum sitzen wir in den Bänken nebeneinander wie Menschen, die nichts miteinander zu tun haben? Vor allem in dieser Stunde sollen wir Brüder und Schwestern sein, also zumindest aneinander denken, vielleicht sogar einander ein Wort sagen.
Vor der Kommunion legt das Meßbuch ein Zeichen der Verbundenheit nahe: einander die Hand zu geben und den Frie-

den Gottes zu wünschen. Warum geben Christen einander kaum an einem Sonntag diesen Friedensgruß? – Ich meine, wir Älteren, nicht zuletzt auch wir Priester, müssen – in einiger Geduld – umdenken und anders empfinden lernen. Wir müssen uns bekehren zu einer erlebbaren Gemeinschaft. Selbstverständlich verlangt diese *er*lebte Gemeinschaft in der Sonntagsmesse eine *ge*lebte Gemeinschaft im Alltag: Daß sich etwa die Christen in der Pfarrgemeinde deutlicher um Not und Freude der anderen kümmern und in der Familie die Eltern sich mehr Zeit für die Kinder nehmen.
Was bedeutet Ihnen die Messe? Es genügt nicht, daß Sie nur irgendwelche Gemeinschaft suchen. Sie müssen *gläubige* Gemeinschaft werden. In der Messe geht es um Tod und Auferstehung Christi, also um eine Liebe, die mit ewigem Leben rechnet und einen Einsatz wagt, der ohne diesen Glauben Torheit wäre.
Christen, die Eucharistie feiern, müssen zu der Torheit fähig werden, den Spatzen in der Hand fliegen zu lassen, um die Taube auf dem Dach zu erwarten; auf Vorteile zu verzichten, um sich für den Nächsten einzusetzen, so wie es Jesus getan hat; auch auf die Gefahr hin, daß dieser Einsatz Mißerfolg bringt. Ein glaubender Christ erhofft den eigentlichen Erfolg dennoch: bei der Auferstehung.
Wird die Messe in Zukunft noch gefragt sein? Eins ist sicher: Jesus wird in aller Zukunft dazu einladen. Es bleibt die Frage, auch an Sie: Tun Sie mit, wie er es will? Was tragen Sie bei zu einer gläubigen Gemeinschaft?

Schenken

Weihnachten ist das Fest des Schenkens. Geschenke muß man kaufen. Denn Schenken hat sich doch allmählich zu einem Zwang ausgewachsen! Sie dürfen niemand vergessen. Sonst gibt es zu Weihnachten Beleidigte!
Der Hl. Abend wird uns so in einem neuen Sinn Fest der Erlösung: Wir werden an ihm erlöst von der Tyrannei des Schenkens, wenigstens für ein Jahr.
Ist das der Sinn des Schenkens? Ist das der Inhalt des Weihnachtsfestes?
Schenken heißt doch nicht: Die menschlichen Beziehungen noch gezwungener und komplizierter machen! Und Weihnachten heißt nicht: Uns als Ochs und Esel vor die Krippe der Geschäftswelt stellen lassen! Schenken heißt: In der Gabe meine Gesinnung ausdrücken, mein Wohlwollen für den anderen; in der Gabe ein Stück Herz darstellen. Ohne diesen Sinn ist der Geschenktisch, auch wenn er sich durchbiegt, eine Lüge!
Wie bereiten Sie Weihnachten vor? Weihnachten ist gar nicht zuerst das Fest unseres Schenkens. Es ist eigentlich das Fest unseres Beschenkt*werdens.* Weihnachten bereiten wir nicht vor im Wirbel der Geschäftszeiten, sondern eher, wenn wir in Ruhe nachdenken. Im Advent sollten wir uns an Tage erinnern können, an denen uns Freude zugekommen ist, ein Erfolg, Vertrauen oder das Wunder ungeschuldeter Liebe.
Haben wir an diesen Tagen nicht über das Einzelglück hinaus erfahren, daß das Leben gut ist, trotz seiner Härten?

Daß es uns von einer Liebe zugedacht ist? Daß uns in jeder geglückten Stunde Gott etwas sagt vom Geheimnis der Hl. Nacht: Ich schenke euch meinen Sohn – und damit alles! Wir sollten wieder lernen, uns beschenken zu lassen. Dann könnten wir vielleicht auch wieder sinnvoller schenken. – Ich meine, wir müßten unseren Geschenkewirbel einschränken. Ohne jemand zu beleidigen. In vorheriger Absprache, etwa: Ich mag diesen Geschäftsrummel zu Weihnachten nicht! Bitte, schenk mir heuer höchstens eine Kleinigkeit! Wenn du mir eine größere Freude machen willst, dann hilf z. B. einem einsamen Kranken daheim – und sag mir's!
Vielleicht werden dann die wenigen und schlichten Dinge, die unter dem Christbaum liegen, mehr Atmosphäre ausströmen; mehr Vertrautheit spüren lassen, mehr Verzeihen – und den Willen: Gehen wir miteinander weiter! Vielleicht werden die Gaben dann statt der verdrossenen Müdigkeit ein Stück Liebe atmen, wie sie uns doch das Kind von Bethlehem bringen wollte.

Palmsonntag

Wie immer heute unsere Prozessionen aussehen, die erste spontane Palmprozession ist jedenfalls anders gewesen. Sie hat eher ausgesehen wie eine Euphorie, ein Aufleben vor dem Ende.

Damals ist, auf einem Esel, ein Mann in die Sackgasse seines Lebens geritten. Er hat einmal öffentlich sagen wollen, wer er ist und was er will. Aber er hat gewußt, daß er damit nur sicherer und rascher seine Katastrophe herbeiführt.

Der Palmsonntag spiegelt auf diese Weise auch die Absperrungen unserer Wege, die Ausweglosigkeiten des Lebens wider. Er repräsentiert etwa die restlos verfahrenen Ehen. Er stellt die ständige Bedrohung der Welt durch Gewalt, Terror und Hunger dar.

Ist der Palmsonntag also der Tag eines ganzmenschlichen Anstehens und einer vollen Ratlosigkeit?

Immerhin scheint er auch zu sagen: Haltet nicht zu früh etwas für aussichtslos! Und flüchtet nicht in eine tatenlose Jenseitsvertröstung! Der in Jerusalem eingezogen ist, hat noch gehandelt. Und man hat ihm die Hände binden müssen, um sie am Wirken zu hindern.

Woher hat dieser Mensch seine Sicherheit bezogen? Denn er ist das letzte Stück seines Weges doch in erstaunlicher Sicherheit gegangen.

Hat er sich geborgen in eine kollektive Hoffnung: Ich sterbe, gut! Aber ich werde zu einer Art Stufe verpflastert, auf der andere, mein Volk und die Menschheit, höherstei-

gen? – Ich meine, auch er ist, wie Sie und ich, zu individuell am Leben und zu persönlich am Glück gehangen, als daß er sich damit hätte trösten können.
Oder hat er vielleicht doch deutlicher als wir gewußt: Ans Ende geraten immer nur menschliche Gescheitheit und Kraft. Aber es ist noch ein anderer da, der die Barrieren wegräumt, das Leid, den Haß, auch den Tod; der die Elemente, auch eines zerbrochenen Lebens, neu zusammenbauen kann.
Ist Jesus Christus weitergegangen, weil er sich sicher war: Ich bin, auch in der Sackgasse, unterwegs nach Ostern, zu meiner und eurer Neubelebung?
Und werden Sie solche Zuversicht teilen können – in Ihrer sehr schweren Krankheit, mitten unter den Trümmern Ihrer Ehe und in der Lethargie, die uns ständig befällt, wenn wir die Krisen der Welt sehen.
Möchten Sie nicht wenigstens hoffen, daß Gott Ihren guten Willen, Ihre enttäuschte Mühe ans Ziel führt? Daß er all Ihr Stückwerk zu einem besseren Ganzen fügt; – schon hier, indem er aus den Scherben eines Glücks den Anfang einer reiferen Erfüllung werden läßt; – und vollendend hinter der letzten Schranke?
Daß er dazu fähig und bereit ist, hat er doch eigentlich in Jesus Christus gezeigt.

Vollendung am Kreuz

Das ist das sinnloseste Leid, das es gibt: das Leid, das Menschen einander zufügen. Eigentlich sollte ja ein Mensch dem anderen bewußt machen, daß er etwas wert ist. „Es ist gut, daß es dich gibt!“, das sollten wir voneinander erfahren können. So wäre unser Leben erfüllt. Statt dessen wird geschlagen, verstümmelt, entehrt, vernichtet.
Auch über Jesus gingen Schläge nieder. Auch ihn traf Gewalt. Sie traf ihn unschuldig. Denn er hatte allen wohlgetan. Man schlug ihn mit Geißeln. Man schlug Nägel durch seine Hände. Man schlug ihn mit verletzenden Worten. Er trägt Leid, das von Menschen zugefügt ist.
Warum müssen Menschen von Menschen leiden?
Warum muß er leiden, der Gekreuzigte?
Fragen Sie die freien Menschen! Sie haben ihre Freiheit zum Guteswirken bekommen – und entscheiden sich zum Bösestun.
Jesus Christus ist – wie viele Leidende – ein Opfer der mißbrauchten Freiheit.
Läßt sich dieses Leid bewältigen? Das Leid, das von Menschen zugefügt wird?
Ihm spielt man für sein Guttun böse mit. Trotzdem verdammt er nicht. Er sagt: „Vater, verzeih ihnen!“ Selbst für die, die ihn quälen, hat er noch wohlwollende Gedanken und ein gutes Wort. Er hat den Teufelskreis durchbrochen, der das Leid nie enden ließe, den Kreis von Schlag und Gegenschlag. Er hat die Schuld der Peiniger aufgefangen, daß sie nicht neues Leid zeuge, sondern ein gutes Ende finde.

Seit er gelitten und verziehen hat, werden sich immer wieder auch schuldige Menschen fragen: Ist Ertragen nicht besser als Kränken, Heilen nicht beglückender als Verwunden und Gutmachen nicht würdiger als Weiterhassen?
Das sinnloseste Leid, das von gewalttätigem Egoismus kommende, bewältigt er – durch Verzeihen. Ist er in diesem Verzeihen am Kreuz nicht zur letzten Größe gewachsen? Eine große Liebe kann auch an zugefügtem Leid noch reifen. Ihr ist von Gott Auferstehung, bleibende Erfüllung verheißen.
Das Leid der Welt wird bewältigt werden, soweit sein Verzeihen sich in uns fortsetzt!

Pfingsterfahrung

Es gibt in unserer Zeit eine Reihe neuer Pfingstbewegungen. Christen verschiedener Konfession sind davon überzeugt, daß sich ihnen der Hl. Geist kundgibt. Sind diese Erfahrungen echt oder sind es Täuschungen?
Sicher waren sich die ersten Christen bewußt, daß der Hl. Geist unter ihnen wirkte. Ihre Erfahrungen waren wohl von unterschiedlichem Wert. Einiges wurde vielleicht überbewertet. Manchmal wurden Anregungen des Hl. Geistes von den Menschen selbst noch aufgeschaukelt, etwa das ergriffene Lallen. Der Apostel Paulus ist gegen solche Mißbräuche eingeschritten.
Von einigen Erfahrungen aber erwies sich, daß sie tatsächlich vom Geist Gottes kamen. Wir finden davon einen Niederschlag in den Apostelbriefen.
Die erste dieser Erfahrungen: Der Geist Gottes rief im Inneren der Menschen: „Abba", das heißt „lieber Vater!" Es war nicht ein Wort, das sie vernommen hätten; sie empfanden vielmehr eine unaussprechliche Zuversicht, die man am ehesten in dieses Wort übersetzen konnte. Der Geist Gottes ließ die Menschen erfahren, daß sie Kinder Gottes, von Gott angenommen, in ihm geborgen waren; auch in der Not; sogar im Tod und darüber hinaus. Durch diese Erfahrung wurden die Menschen vom ängstlichen Kreisen um sich selbst befreit.
So fühlten sie als zweite Erfahrung den Mut, an die Zukunft zu denken und an ihr zu arbeiten. Nicht bloß an die nächsten zehn Jahre, sondern an das Ziel der Zeit überhaupt. An

diesem Ziel, so erhofften sie sicher, wird in allen Bereichen der Welt spürbar werden, daß wir Kinder Gottes sind. – Die Zeit bis dahin aber sahen sie als Möglichkeit, an der endgültigen Zukunft zu arbeiten. Und sie erhielten dazu eine Orientierungshilfe: Wenn sie in ihrer Haltung, bei ihrem Tun auf dem rechten Weg waren, erlebten sie einen ermutigenden Frieden, eine schöpferische Freude.

Und die Erfahrung des Geistes Gottes hatte eine dritte Dimension: Sie unterscheidet die Fortschrittlichkeit, zu der Gott anregt, von manchem modernen Progressismus: Der Geist Gottes drängte sie zur Milde, Güte, Geduld. Wo etwas in der menschlichen Gesellschaft nicht gleich zu ändern war, etwa die Sklaverei, oder wo einzelne Mitmenschen mit dem Neuen nicht gleich zurechtkamen, dort hielt sie der Geist Gottes von der Härte zurück. Er verwehrte ihnen, eine Art ungeduldiger Baader-Meinhof-Bande zu werden.

Übrigens gab es solche Erfahrungen nicht nur bei den ersten Christen. Durch alle Jahrhunderte hindurch machte sich der Geist Gottes so spürbar – in einzelnen Heiligen und in breiten Bewegungen der Nächstenliebe oder des Gebetes.

Dürfen Sie auf ähnliche Erfahrungen auch heute hoffen?

Jedenfalls muß dazu eine Vorbedingung erfüllt sein, ohne die es Pfingsterfahrung auf die Dauer sicher nicht gibt: Wer unter der Führung des Geistes Gottes leben will, muß bereit sein, in Haltung und Tun vom Egoismus abzugehen; bereit, für Gott und die Mitmenschen zu leben, auch wenn das streckenweise einen Kreuzweg bedeutet. Dann könnte der Geist Gottes auch in unserer Zeit wirken. Und wir haben es in unserer verwirrten Zeit doch nötig, daß er uns orientiert und ermutigt für den Weg in eine wirklich bessere Welt, in die Zukunft Gottes!

Heilige – Zeugen der Freude

Ich habe das Gymnasium an einer Jesuitenschule gemacht. Im Gang des Hauses hing eine Galerie von Porträts. Es waren verstorbene Ordensobere. Nicht lauter Heilige. Aber wahrscheinlich hatte der Maler sie uns als Vorbild eines heiligen Lebens zugedacht. Die Männer schauten alle finster in die Welt.

Ist das das Typische an den Heiligen? Das finstere Gesicht?

Wenn ich neben der finsteren Reihe gemalter Heiliger nicht genügend freundliche Gesichter lebender Jesuiten gesehen hätte, wäre ich nicht in diesen Orden eingetreten. Übrigens erzählt man von unserem ersten Ordensoberen, dem heiligen Ignatius: Die Leute, besonders die jungen, die mit hängender Nase zu ihm ins Zimmer kamen, gingen mit strahlender Miene wieder heraus.

Ist – die Freude das Typische an den Heiligen?

Dann waren die Heiligen vielleicht Menschen, die durch glückliche Fügung nicht mit dem Ernst des Lebens zusammentrafen? Die ein sorgloses Fortkommen hatten und weder Not noch Leidenschaft spürten?

Immerhin hat der hl. Augustinus – aus der Zeit vor seiner Bekehrung – einen unehelichen Sohn gehabt. Das läßt Leidenschaft vermuten. – Thomas Morus hat als Lordkanzler die politische Last von ganz England getragen und das unter einem schwierigen König. Er ist ja schließlich geköpft worden. – Und ein Mädchen aus Holland, die hl. Lidwina, ist nach einem Sportunfall beim Eislaufen jahrzehntelang krank gelegen. Sie hat sich dagegen aufgebäumt.

Die Heiligen sind mit den Schattenseiten des Lebens vertraut gewesen wie wir – und haben *trotzdem* zur Freude gefunden! Zu einer umfassenden und tiefen Freude. Franziskus hat in seiner Freude die Sonne und das Wasser, sogar den Schmerz und den Tod – Geschwister genannt.
Wie sind die Heiligen zu solcher Freude fähig gewesen?
Jenes Mädchen aus Holland hat sich in seiner Krankheit erinnert, daß auch Jesus von Nazaret Angst hatte vor dem Leiden und vor dem Tod, und daß er sich dennoch Gott ausgeliefert hat – für die Menschen. Das Mädchen hat sich erinnert, daß für diesen Jesus der Tod nicht das Letzte wurde. Und Lidwina ist von dem Gedanken nicht losgekommen: Müßte ich mich nicht ebenso Gott ausliefern – für die Menschen? Je mehr sie auf diesen Gedanken einging, umso freier wurde sie; umso deutlicher sah sie Sinn in ihrem Dasein – und erfuhr, daß in ihrem Leben Gott am Wirken war. Das gab ihr die Freude, von der sie noch den Gesunden mitteilen konnte.
Freuen wir uns so wenig, weil wir so sehr um uns kreisen und uns so sehr in die paar schwachen greifbaren Stützen verkrallen? Freuen wir uns so wenig, weil wir Angst haben, uns Gott auszuliefern, der der Sinn unseres Lebens und die Zukunft der Welt ist?

Vom Menschsein

Nimm dich nicht zu ernst

Jemand fühlte sich sehr gekränkt. Er kam zu Papst Johannes und fragte: „Was soll ich tun?" Johannes antwortete: „Nimm dich nicht zu ernst!"

Manchmal geht etwas schief. – Der hoffnungsvolle Sohn kommt nach der ersten Zeugnisverteilung etwas zögernd heim. Und wie ihn der stolze Vater aufmuntert: „Na, zeig mir dein Zeugnis!", sagt er: „Gelt, Vater, Hauptsache ist, daß wir g'sund sind!"

Ich war eingeladen. Der Tisch im Gasthaus war klein und eng besetzt. Ich habe meinen Teller ganz an den Rand gerückt. Beim ersten Bissen, den ich schneiden wollte, ist der Teller gekippt, und das Henderl ist mir samt der Sauce an die Brust geflogen – auf den schwarzen Anzug.

Es ist Fasching. Sie gehen auf den Ball und ziehen Ihr neues Kleid an. Da entdecken Sie: Eine zweite trägt genau das gleiche. Sie könnten Zwillinge sein!

Manchmal geht uns etwas schief. Was ist da besser: Sich vor Ärger ein Gallenleiden holen oder die Sache von der spaßigen Seite sehen und – lachen?

Nimm dich nicht zu ernst!

Manchmal freilich sitzt der Ärger tiefer. – Andere schwimmen im Geld. *Sie* sind wegen Krankheit frühpensioniert und bräuchten Geld, haben aber keines. – Das ist schon ein bißchen ärgerlicher.

Ein raffiniertes Mädchen angelt sich bald einen Mann. *Sie* hätten persönliche Werte – und könnten sogar kochen! *Sie* sind noch allein. – Auch das ist eine ernstere Sache!

Nimm dich nicht zu ernst? Jedenfalls brauchen wir das eigene Mißgeschick nicht für das einzige oder größte zu halten, das es gibt. Es gibt sicher Leute, die noch kärger leben müssen als wir. Und auch die Reichen haben ihren Ärger und ihre Enttäuschungen. Und manches, wovor Sie verschont sind!

Ein Mädchen, das wegen einer Knieverletzung nicht skifahren durfte, war verärgert – bis es ein anderes Mädchen sah, das nicht gehen konnte, weil es keine Beine hatte. Was ist dagegen eine vorübergehende Knieverletzung?

Nimm dich nicht zu ernst!

Dürfen wir das immer sagen? – Ich meine: Was man nie ernst nimmt, über das wird man auch nie froh! Wir können nicht leben ohne das Bewußtsein, etwas wert zu sein. Vielleicht können wir nicht einmal leben ohne die Überzeugung, von irgendjemand zutiefst ernstgenommen zu werden; für irgendwen einen unvertauschbaren Wert zu haben.

Sind Sie irgendeinem Menschen sehr viel wert? Und glauben Sie, daß Sie noch von einem anderen ernstgenommen werden?

Sind Sie sich bewußt, daß Ihnen Gott sagt: „Von Ewigkeit habe ich dich geliebt!“?

Dann dürften Sie eigentlich in *allen* übrigen Dingen gelassen sein – und sich sagen:

Nimm dich nicht zu ernst!

Mensch werden

Was ist der Mensch? Ein hochentwickeltes Tier? Oder doch eher ein verkümmertes? Denn im Gegensatz zum Tier werden wir Menschen von unseren Trieben und Instinkten nicht sicher geleitet. Das Tier hat die Fähigkeiten, die es zum Leben braucht, von Natur aus. Wir müssen sie uns erst erwerben.

Noch in anderer Beziehung ist der Mensch zunächst unfertig. Er ist sich – im Gegensatz zum Tier – seiner selbst nicht sicher und froh. Er braucht dazu den anderen; das Dasein für den anderen und das Bestätigtwerden durch den anderen. Erst wenn ein anderer an mich glaubt, glaube ich an meine eigenen Werte und entfalte sie.

Und wenn dann zwei Menschen ganz füreinander da wären, kämen sie darauf: auch so sind sie noch nicht voll Mensch. Sie können sich menschlich und auf die Dauer nur dann lieben, wenn sie mit ihrem Denken, mit ihrem Mühen und ihrer Sehnsucht hingerichtet sind auf ein Drittes; vielleicht auf das Kind, vielleicht auf viele Menschen, für die sie Verantwortung übernehmen.

Und noch in diesem Hinausgreifen nach einem Dritten findet der Mensch nie bis zu der Stelle, an der der Sinn seines Daseins voll erreicht wäre. Er kommt nie bis zu der Grenze, die sein Leben ganz abrundet. Es gehört zum Menschen, daß er immer eine offene Stelle in seinem Wesen behält, ein Fenster, durch das er hinausblickt, eine Tür, durch die er hinausdrängt in die Grenzenlosigkeit, in eine unendliche Tiefe und Weite.

Ist dies das Unglück des Menschen? Daß er das volle Menschsein nicht durch die Triebe mitbekommt? Ist er durch sein Angewiesensein auf den anderen und auf das Grenzenlose zur Sinnlosigkeit verurteilt? Oder gibt es dafür einen erfüllenden Sinn?

Wenn diese Frage Sie bewegt, sollten Sie nicht vorbeischauen an Jesus Christus! Auch Jesus ist nicht einfach von Anfang an ein fertiger Mensch gewesen. Er hat zunehmen müssen an Alter, auch an Weisheit und an Liebenswürdigkeit. Er hat den Sinn seiner Tage und Jahre Schritt für Schritt in eigener Entscheidung verwirklichen müssen. Auch er hat über sich hinausgedacht, an die anderen Menschen. – In den Menschen aber hat er eine Beziehung gesehen, die über die Menschheit hinausgeht. Er hat den Menschen auf Gott hin angelegt erkannt. Das ist das eine.

Jesus hat in seinem Leben aber noch eine entscheidende Bedeutung gesehen. Er war sich bewußt, daß die Menschen zu ihm hin ein Fenster, eine Tür aus ihren eigenen Grenzen heraus haben, daß sie in ihm den Grenzenlosen finden können. – Denn in Jesus macht Gott selbst das Werden des Menschen mit. In Jesus ermöglicht er uns, Gott zu begegnen und so den Sinn unseres Lebens zu finden.

Das Tier ist Tier, von Anfang an. Der Mensch muß Mensch werden schrittweise. Er kann sein Wesen nur verwirklichen durch eigenes Entscheiden und durch das Entgegenkommen eines anderen. Vom ersten Augenblick seines Lebens – im Schoß der Mutter – ist der Mensch angelegt auf einen Unendlichen. Es ist von Anfang an seine Würde, es bleibt immer seine Aufgabe, sich nicht mit dem zufriedenzugeben, was er von Natur aus mitbringt, sondern sich auszustrecken über sich hinaus, zu den Mitmenschen und in ihnen zum letzten Sinn seines Lebens, zu Gott.

Jeder Mensch ist unser Bruder

In einer unserer Landeshauptstädte hat ein Besatzungskind gelebt. Der Bub hatte eine andere Hautfarbe als die übrigen Kinder. Er ist Mischling gewesen. Seine Kameraden haben ihn deswegen immer wieder verspottet. Und die Erwachsenen sind ihm mit Zurückhaltung begegnet. Er war sensibel. Und er ist kontaktscheu geworden. Eine Zeit lang hat er in einer Nervenheilanstalt verbringen müssen. – Dieser Bursche ist vor einiger Zeit in der Toilette eines Gasthauses erhängt aufgefunden worden.

Ich glaube, er war nicht dafür verantwortlich, daß er zum Strick gegriffen hat. Er ist in den Tod getrieben worden. – Nicht absichtlich! Keiner hat ihn umbringen wollen! Man hat ihm bloß – Herz, Mitfühlen, oder nennen Sie es „Liebe" – vorenthalten.

Ist das ein außergewöhnlicher Fall? Oder passiert Ähnliches öfter? Denken Sie etwa an die alarmierende Selbstmordrate in Österreich! – Oft sind es vereinsamte alte Leute, Beiseitegeschobene. Ursache: Mangel an Herz. – Ziemlich viel Jugendliche sind darunter. Auch sie sind allein gelassen worden oder fühlen sich wenigstens so. Davon sind etwa die Hälfte schwangere Mädchen. Sie fürchten noch immer die Schande. Hauptursache wiederum: Mangel an Herz, vielleicht sogar von seiten der eigenen Familie.

Nicht jede Herzlosigkeit tötet, Gott sei Dank! Aber jede Herzlosigkeit macht unsere Welt ein Stück unmenschlicher. Sie wirft Gräben auf zwischen den Menschen. Sie schafft die Klasse der Deklassierten. Es ist eine Erfahrungstatsache:

Wir begegnen Witwen von Selbstmördern mit Distanz. Mit entlassenen Sträflingen wollen wir nichts zu tun haben, auch nicht mit deren Familien. Und Gastarbeiter empfinden wir als Menschen zweiter Klasse.

Manche dieser Gruppen bieten gewiß Probleme für das Zusammenleben. Trotzdem ist Deklassieren – unmenschlich. Und es ist unchristlich!

Christus hat nicht alle Menschen gleich geliebt. Er ist rücksichtsvoller und wohlwollender gewesen zu den Armen, zu den Ausgestoßenen. Er ist mit besonderem Takt und Entgegenkommen gut gewesen zum Zöllner und zur Sünderin. Er hat genau die Deklassierten seiner Zeit und seines Landes bevorzugt.

Hat er so viel Verständnis für sie gehabt, weil er selbst als deklassierter Armer auf die Welt gekommen ist? In der Herberge war kein Platz für ihn. Er ist außerhalb der Stadt, in einem Stall, geboren worden. So wie er später außerhalb der Stadt, als deklassierter Verbrecher, gestorben ist. – Christus hat das Los der Deklassierten geteilt. Er ist auf ihrer, der Deklassierten, Seite des Grabens gestanden, jenes Grabens, den er zuschütten wollte. Er wollte ihnen das vorenthaltene Stück Herz bringen. Und er wollte die Menschen für immer erinnern, sich gegen die Herzlosigkeit ihrer Zeit zu stemmen.

Jeder Mensch ist unser Bruder. Ja! Aber wer sich Christ nennt, sollte eigentlich einen Vorrang in seiner Herzlichkeit kennen!

Der Leib, Kult – oder?

Ich erinnere mich noch gut, wie mir ein Mann empört gesagt hat: „Jetzt zeigen die Klosterschwestern schon ihre Haare und tragen Midiröcke!" – Sie wissen, früher haben sie möglichst viel von ihrem Gesicht und erst recht von ihren Beinen versteckt.

Zeigt diese Entwicklung einen Schwund an Ehrfurcht vor dem Leib? Und ein Mißachten der Gefahren durch den Leib?

Man hat den menschlichen Leib seinerzeit oft eher für eine Gefahr angesehen als für eine Hilfe. Man hat ihn auch eher für eine Last gehalten. Man stand ja oft der Krankheit recht hilflos gegenüber. Und ein Bibelwort erinnert an die Vergänglichkeit des Leibes: „Der Mensch ist wie die Wiesenblume. Die Sonne geht auf und versengt das Gras. Die Blüte verwelkt, und ihr schöner Anblick ist hin." – Falls Sie heute einen Verkehrstoten gesehen haben, wissen Sie, wie aktuell dieses Bibelwort immer noch ist!

Das ist der eine Standpunkt: Angst vor dem Leib.

Es gibt einen zweiten Standpunkt. Sie erleben ihn in jeder Sportschau: Der Leib kann faszinierende Leistungen zeigen. Ein Fußball-Länderspiel ist eine Reise wert. – Und Sie sehen auf den Straßen und an den Seen: Miniröcke und Bademoden ziehen den Blick auf schöne Körperformen.

Das ist der andere Standpunkt: Verehrung, beinahe Kult für den Leib.

Es gibt noch einen dritten Standpunkt.

Eine Frau aus dem Volk war beeindruckt von einem Mann.

Sie sagte zu ihm: „Glücklich der Schoß, der dich getragen, und die Brust, die dich genährt hat!" Der Angesprochene, es war Jesus von Nazaret, hat darauf nicht ja gesagt und auch nicht nein. Er hat geantwortet: „Glücklich, wer auf Gott hört und ihm gehorcht!"

Jesus leugnet den Wert des Leibes nicht. Aber er gibt ihm eine tiefere Dimension. Mutterschaft allein, und hätte sie den besten Sohn gebracht, ist nicht der letzte Wert. Den letzten Wert gibt auch dem Leib – der Glaube. Der Glaube sieht tiefer als auf die Figur und weiter als auf den nächsten Augenblick. Der Glaube denkt an Gott und liebt den Menschen, wie er von Gott berufen ist.

Die Mutter Jesu hat geglaubt. Sie hat ihr Kind nicht nur getragen und gestillt, sondern von Gott angenommen und Gott für sein Werk freigegeben. Deswegen ist sie endgültig glücklich geworden durch ihren Sohn, auch mit dem Leib. Wie sie zu Lebzeiten auf Gott gehört hat, so wurde sie nach dem Tod auferweckt zu grenzenlosem Glück. Sie ist mit dem Leib aufgenommen in den Himmel.

Maria ist ein Mensch gewesen wie wir, mit allem Liebreiz ihres Leibes und all seiner Anfälligkeit. Sie hat nur – treuer als wir – geglaubt und gehorcht. Ihre Vollendung ist uns Aufmunterung und Zuversicht: daß wir nicht Angst haben vor unserem hinfälligen Leib; daß wir den schönen menschlichen Leib aber auch nicht zu naiv verehren und genießen; daß wir auf manches verzichten, was der Leib gerade möchte, und manches ertragen, was ihm schwerfällt – und dennoch in freudiger Hoffnung ein fragloses Glück für ihn erwarten.

Liebesehe?

Die Liebesheirat, noch im vorigen Jahrhundert romantisches Ideal der hochbürgerlichen Gesellschaft, ist heute weit verbreitet. – Das habe ich vor einiger Zeit in einer Zeitschrift gelesen.

Und neulich hat mir eine Frau gesagt: Wissen Sie, wenn man heute zu einer Hochzeit fährt, hat man immer die Angst: Wie wird es zwischen den beiden in ein paar Jahren ausschauen?

Was ist da berechtigt: die Zuversicht oder die Angst?

Jedenfalls meinen doch alle zuerst, in der Ehe die Liebe zu finden.

Ist es wirklich Liebe, was sie meinen?

Es könnte sein, daß einer das Leitbild seiner Ehe unbewußt aus Film und Illustrierten holt. – Dann habe ich Angst für seine Liebe. Natürlich hat die Geschlechtlichkeit ihre große Bedeutung in der Ehe. Aber sie sollte nicht das einzige Fundament des Zusammenlebens sein. Sonst leben sie nur einen Egoismus zu zweit – und suchen bald nach Abwechslung.

Von jungen Leuten, die ans Heiraten gedacht haben, habe ich selbst schon gehört: Er hat Geld! oder: Sie ist hübsch! Auch da habe ich Angst. Die Liebe sollte nicht zu sehr auf die Brieftasche schauen. Für die Ehe ist der Mensch wichtiger als das Geld.

Die Liebe schaut tiefer als auf das Geld und auf die hübsche Figur. Liebe sieht im anderen etwas, das kostbar bleibt – auch in der Armut, und schön – auch wenn das Antlitz faltig wird. Die Liebe sagt: Ich freue mich einfach, daß es dich gibt! Und ich bin dankbar, daß ich für dich da sein darf! Sie wissen selbst besser als ich: Diese selbstvergessene Liebe fällt keinem in den Schoß. Die will gelernt werden.

Darum sucht wohlwollende Liebe sich jeden Tag, auch in den kleinen Dingen, zu üben. Sie denkt gern daran: Morgen hat meine Frau Geburtstag – und – ich kenne ihre Lieblingsblumen! Oder: Mein Mann verträgt es schlecht, wenn ich ihm beim Zeitungslesen dreinrede. Bin ich halt so lange still!

In kleinen Zeichen wird die Liebe auch reifer und geduldiger, wird fähiger, kommende Krisen durchzustehen. Liebe sucht dann nicht rasch den Ausweg zum Scheidungsrichter. Sie geht den Weg, solange es irgend möglich ist, gemeinsam weiter und trägt die Schwächen des andern.

Ich gestehe Ihnen freilich: Manche Belastungen, von innen oder von außen, durch einen Dritten können so schwer werden, daß ich kein rechtes Rezept weiß.

Und ich gebe Ihnen zu: Ihre Liebe wird schmerzende Mängel behalten, auch wenn Sie sich alle Mühe geben. Sie werden Ihren Ehepartner nie ganz verstehen, auch wenn Sie ihn Tag und Nacht im selben Zimmer haben. Sie werden auch von ihm nicht immer verstanden werden. Aus manchen Winkeln Ihres Lebens wird die Einsamkeit nicht weichen. Sie können nicht in allem zu zweit und geborgen sein. Vielleicht spüren Sie an diesen Grenzen deutlicher, daß Ihre Ehe auch den Segen Gottes braucht und daß Ihre Liebe nach einer Vollendung hinter dem Tode ruft.

Aber all das zugegeben: Tun Sie selbst alles, was Sie bei Ihrer Trauung versprochen und doch ehrlich gemeint haben?

Liebe im Dreieck

Vor kurzem bin ich im Städteschnellzug neben drei Reisenden gesessen, einem Mann, einer Frau und einem kleinen Mädchen. Das Mädchen hat um die Beachtung, um die Zärtlichkeit der Frau geworben. Aber die junge Frau hat allem Anschein nach selbst Liebe gesucht – beim Mann. Mann und Frau haben verliebt getan wie Turteltauben. – Alle drei haben also gezeigt: Der Mensch ist liebebedürftig. Das weiß jeder von Ihnen selbst.

Bekommt der Mensch die Liebe, die er braucht?

Ein Spiel wie das von Turteltauben dauert nicht lange. Es wäre auf die Dauer auch zu seicht. Solange der Himmel voller Geigen hängt, ist es leicht zu lieben. Aber der Mensch will sich auch bejaht wissen, wo sein Empfinden, seine Pflichten, sein Gewissen ein tieferes Eingehen auf ihn verlangen. Er möchte bejaht sein auch in der Krankheit und in der räumlichen Trennung. Der Mensch verlangt eigentlich, daß die Liebe immer tiefer wachse und nie ende. – Gibt es diese Liebe?

Zu einer abgründigen Tiefe und einer trennungslosen Einheit kann menschliche Liebe nur durch Gott finden. Und wer den anderen als ganzen, in seinem tiefsten Kern und in allen seinen Rechten und Pflichten bejaht, darf hoffen, daß in seiner Liebe – Gott mitliebt; daß Gott seiner menschlichen Zweisamkeit jene Tiefe schenkt, aus der unvergängliche Freude wächst.

Können meine Mitreisenden im Zug auf diese Liebe rechnen? – Zur Frau hat das Mädchen „Mutti" gesagt. Die Frau

hat auch einen Ehering getragen. Den Mann hat das Kind aber „Onkel“ genannt. Es scheint sich da also eine Liebe im Dreieck abgespielt zu haben. Die Geschichte einer Frau zwischen zwei Männern.
Liebt Gott im Dreieck mit?
Es mag manche Ehe durch unmenschliche Belastung untragbar werden. Und es mögen Hilflosigkeit des Herzens und Ratlosigkeit des Gewissens nicht selten die neue Liebe und Ehe eines Geschiedenen auch vor Gott verständlich machen. Aber grundsätzlich sagt Christus doch: „Was Gott verbunden hat, soll der Mensch nicht lösen!“ Grundsätzlich weist er für die Lösung der Eheprobleme andere Wege als Scheidung und neue Liebe. Vielleicht törichte Wege, Wege des Wartens, des Verzeihens, teilweise vielleicht der Einsamkeit. Und der Christ darf auf diesen Wegen oft die Heilung von Wunden und den Frieden Gottes erhoffen.
Aber darf auf letzte, göttliche Tiefe in seiner Liebe rechnen, wer rasch und leicht sich in ein neues Verhältnis einläßt?
Doch vielleicht ist die Liebe jener zwei im Zug gar nicht im Dreieck gegangen. Vielleicht war der Vater des Kindes gestorben, und es hat sich mit Recht eine neue Ehe angebahnt. – Dann wünsche ich den Mitreisenden eine gute Fahrt zu zweit, mit dem Kind und mit den vielen anderen, die liebebedürftig sind, aber wenig Liebe finden: Armen, Alleinstehenden, Alten. Denn richtige Liebe will nicht Sparstrumpf sein, den man im Bett versteckt, sondern Kapital, das arbeitet; nicht nur Geflüster zwischen zweien, sondern Zeugnis, das vielen glaubhaft macht: Hinter der Welt steht Liebe!
Haben Sie übrigens schon einmal bedacht, daß Christsein nichts anderes heißt als: glauben, daß man geliebt wird, um lieben zu können?

Liebe, und tue, was du willst

Jeder von Ihnen möchte ein freier Mensch werden. Der heilige Augustinus bietet Ihnen einen Weg. Er sagt: „Liebe, und tue, was du willst!" – Wenn Sie lieben, werden Sie frei!
Ist Ihnen dieser Grundsatz zu gewagt?
Dann überlegen Sie: Wenn einer zu lieben anfängt, wenn z. B. ein Bursch ein Mädchen gernzuhaben beginnt, dann fragt er sich etwa im Auto: „Fahre ich nicht zu schnell? Vielleicht hat sie Angst!" Er bringt es auf einmal fertig, Rücksicht zu nehmen; ungezwungen, gerne. Die Liebe macht ihn dazu fähig. Die Liebe macht frei!
Der hl. Paulus sagt: „Die Liebe tut nichts Böses." – Es ist Kennzeichen des Liebenden: Wenn er zuerst, bevor er geliebt hat, sich aus dem Lügen nicht viel gemacht hat, dann stört es ihn jetzt. Wenn er bisher seine Zeit vertan hat, drängt es ihn nun, eine Existenz aufzubauen durch ordentliche Arbeit. Die Liebe macht frei.
Wer liebt, dessen Blick weitet sich. Der sieht z. B. im geliebten Menschen nicht nur die hübsche Figur. Er bedenkt sein ganzes Wesen und Glück und seine volle Zukunft. Darum begehrt einer, der wirklich liebt, auch die körperliche Hingabe nicht unbedacht. Er wünscht sie nur, soweit sie Zeichen einer dauernden Liebe sein kann. Und das heißt, soweit sie angstfrei geschenkt, angstfrei auch wiederholt werden kann; und weil der Mensch seine Umwelt braucht, will er die Vereinigung auch nur, wenn das Zusammenleben getragen werden kann von der Achtung der Mitmenschen. Ich meine, daß zu all dem die Geborgenheit der Ehe

gehört. Die Liebe macht fähig, erst zu warten oder – sich zu binden.
Es geht hier um eine anfordernde Liebe. Um Liebe, in der Sie bereit werden, irgendwie sich selbst zu sterben, um im anderen zu leben. Sie müssen den anderen in seiner Eigenart, in seiner Freiheit lieben, ihn bejahen auf dem Weg, den ihm Gott zugedacht hat.
Es geht übrigens auch nicht bloß um die Liebe zwischen Mann und Frau. Jede wirkliche Liebe macht frei. – Jede echte Liebe macht auch gut zu *allen.* Wer auch nur einen Menschen wirklich liebt, der wird damit für Not und Freude jedes Menschen zugänglich.
Auch der liebende Mensch hat natürlich Grenzen. Er ist immer nur unterwegs zur Liebe und zur Freiheit. Er spürt oft einen Konflikt zwischen ersehnter Einheit und nötiger Selbständigkeit. Aber wer liebt, vertraut auch, daß er einer endgültig guten Zukunft entgegengeht. Er wartet und hofft auf eine Liebe, in der letzte Einheit und volle Freiheit zusammenfallen; auf eine Welt, in der alle Menschen frei und gut zueinanderfinden. Der Liebende ist – ausdrücklich oder unbewußt – unterwegs zu Gott und in die Ewigkeit.
Ob nicht auch Sie sich sagen sollten: „Liebe, und tue, was du willst!"?

Im Urlaub

Im Urlaub oder an einem Wochenende kommen Sie öfter irgendwo hinaus. Da sehen Sie ein anderes Stück Welt als gewöhnlich. Nicht das Büro, den Betrieb, die Stadt. Sie sehen Berge, Wälder, Tiere. – Sehen Sie da die Welt auch mit anderen Augen?
Gewöhnlich sieht ja der moderne Mensch die Welt als Techniker. Überall ist Material, aus dem er Geräte, Häuser, Maschinen bauen kann. Überall greift er zu.
Er sieht die Welt auch als genußhungriger Mensch. Es hat selten so viel Nachfrage und Angebot an Sensationen gegeben wie heute. Der Mensch greift auch gierig zu.
Aber seltsam, mit allem Zugreifen entreißt er der Welt doch gerade das nicht, was er eigentlich sucht: Freude und Erfüllung. Das Leben wurde – bei allem Angebot – selten für so sinnlos empfunden wie in unserer Zeit. Vielleicht sind Freude und Erfüllung Gaben, die sich die Welt nicht einfach entreißen, nicht rauben läßt; die sie nur dem empfänglichen Menschen schenkt. – Etwa im Urlaub.
Ich denke mir das z. B. so: Schauen Sie einmal einem Bach nach, lange! Lassen Sie sich dazu viel Zeit! Sie beobachten ihn, folgen ihm, soweit Sie sehen – und dann in der Vorstellung weiter, zurück bis zur Quelle und voraus bis zur Mündung. Und Sie fühlen sich in ihn ein. Sie werden selbst wie er. Sie werden gleichsam der Bach. Sie laufen mit ihm Ihren Weg. Ein anderes Mal hören Sie den Wald rauschen, vernehmen alle Geräusche, die er birgt, alles Knacken, jedes Vogelgezwitscher.

So werden Sie merken, daß Ihnen die Welt anders wird als gewöhnlich; verwandt mit Ihnen. Sie werden ruhig. Sie erleben sich verbunden mit der Schöpfung. Die Schöpfung selbst teilt sich Ihnen mit, nicht über den planenden Verstand oder die begehrenden Triebe, sondern über die empfänglichen Sinne und das schauende Herz.
So hat einmal ein Mann den Himmel angeschaut und den Wolken nachgeblickt. Er selbst hat sich mit der darunterliegenden Erde eins gefühlt. Und es ist ihm ein Wort in den Sinn gekommen; das hat er niedergeschrieben: „Gott, deine Güte reicht, soweit der Himmel ist; deine Treue, soweit die Wolken ziehen!"
Selbstverständlich müssen Sie dann wieder an Ihren Arbeitsplatz zurück, zu Ihrer täglichen Mühe. Auch das ist gut. Erst im Wechsel von Besinnung und Leistung kommt der Mensch zu sich und lernt die Welt richtig sehen. Aber nach so einer Erholung können Sie sich vielleicht auch in der Arbeit, in der harten Anforderung – von der Welt beschenken lassen. Denn Sie sind empfänglicher geworden. Und Sie können ruhiger, zielsicherer etwas aus dieser Welt machen.
Vielleicht werden Sie einfach das ein wenig besser können, worauf es einzig ankommt: Die Welt und die Menschen, sich selbst – und in all dem Gott – mit Verstand und Gemüt, aus allen Kräften, von ganzem Herzen – lieben.

Von der Lebensqualität

Die Öffentlichkeit propagiert Lebensqualität. Sie meint damit, jedenfalls zum Teil, mehr Leistung und mehr Konsum. – Ich muß dabei an einen Hühnerstall denken, den ich gesehen habe. Man bringt die armen Hennen dazu, daß sie in einem fort legen und fressen. – Das ist meiner Meinung nach keine Lebensqualität, nicht einmal für Hühner.
Ein 22jähriger Mann schrieb in einem Brief: „Ich besitze einen Wagen, bin finanziell unabhängig; es steht mir mehr Sex und Prestige zur Verfügung, als ich verkraften kann. Was ich mich frage, ist nur: Was hat das alles für einen Sinn?" – Hören Sie aus seiner Frage die alte Weisheit: „Der Mensch lebt nicht vom Brot allein?"
Lebensqualität? Ich wage zu sagen: Dazu braucht es mehr Verzicht auf materielle Güter! Mehr Hilfe zum sinnvollen Gebrauch von Wenigem. Mehr Raum für geistige Interessen, etwa für die Frage nach der Zukunft der Welt und nach dem Sinn des Lebens!
Die Öffentlichkeit sagt „Lebensqualität" – und versteht darunter zweitens: besseres Sozialservice. Etwa perfektere Krankenbehandlung. Praktisch versteht sie darunter mehr Organisation und mehr Apparate. So viel, daß an den Kranken fast kein Mensch und keine Menschlichkeit mehr herankommt. Denken Sie an die beängstigende Situation in einer Intensivstation!
Die Bitte an die Öffentlichkeit: Weniger Organisation und Apparate! Mehr Platz für Menschlichkeit! Nicht nur für den kranken Menschen, auch für den gesunden! Der Käufer und

Verkäufer, der Arbeiter und Invalide, der ältere und der junge Mensch braucht vor allem den Mitmenschen, zu dem er sprechen kann und der ihm zuhört; der ihm einen freundlichen Blick schenkt und einmal die Hand drückt; der ein Stück an seinem Leben teilnimmt.
Die Öffentlichkeit sagt „Lebensqualität". Aber die Spanne, die sie nach Qualität absucht, beträgt 60, 70 Jahre. Vom letzten Stück Leben, vom Sterben, schaut sie weg. „Wird schon wieder werden", täuschen die Angehörigen ihren Sterbenden.
Ich meine, zur Lebensqualität gehört auch ein sinnvolles Sterben. Und ich hätte von der Öffentlichkeit gerne, daß sie menschenwürdige Sterbehilfe ermöglicht. Etwa in jedem größeren Krankenhaus ein Team – Arzt, Psychologe, Seelsorger –, das dem Todgeweihten hilft, zu seinem Geschick ja zu sagen; das ihn durch die Phasen der ersten Abwehr und der langsam reifenden Bereitschaft stützend begleitet.
Ich meine, es könnte sogar Menschen, die nicht ausdrücklich an Gott glauben, geholfen werden, ein demütiges Ja zu ihrer menschlichen Grenze, dem Tod, zu sagen. Und natürlich erst recht den Christen, die glauben können, daß Gott barmherzig ist und ewige Erfüllung schenken will. – Sie werden von der Öffentlichkeit umworben mit dem Wort „Lebensqualität". Was erwarten Sie unter diesem Wort? Manipulierte Maßlosigkeit? Oder sinnvollere Menschlichkeit, vielleicht besseres Christsein?

Wegwerfgesellschaft?

Unsere Zeit wird man einmal – die Wegwerfzeit nennen. Ganze Industriezweige erzeugen Wegwerfartikel; Wegwerftaschentücher, Wegwerfverpackungen, Wegwerfkleider.
Solange das Wegwerfzeug aufgearbeitet wird – von Natur und Menschen, ist wohl nichts zu sagen. Es ist praktisch. Aber wenn die Natur nicht mehr nachkommt mit dem Verwittern? Zwischen wachsenden Haufen von Müll lebt es sich ungemütlich!
Und wenn der Mensch in seiner Wegwerfgewohnheit auch etwas Menschliches wegwirft?
Vor kurzem habe ich obenauf in einer Mülltonne eine Buttersemmel gesehen. Da und dort liegt ein Wecken Brot oder ein halbes Huhn drinnen. – Wenn wir darüber gar nicht unruhig werden, fehlt uns dann nicht schon ein Stück menschliches Empfinden und Gewissen? Wenn wir dabei gar nicht auf den Gedanken kommen, daß anderswo Kinder hungern und verhungern?
Wir werfen nicht nur Butterbrote weg, sondern alles, wofür wir im Augenblick keine Verwendung haben; auch geistige Dinge. Zum Beispiel die Erlebnisse und Erfahrungen von gestern, die Werte der Tradition. Vielleicht kommen wir dann einmal zu spät darauf, daß wir sie doch gebraucht hätten.
Von der Mutter Jesu wird berichtet – als die Hirten ihre Freude über das Kind gezeigt hatten, und als sie ihren Sohn im Tempel verloren hatte: „Und sie bewahrte alle diese Dinge in ihrem Herzen." Freudiges und Bedrückendes blieb

ihr Besitz, wurde ihr Reichtum. Sie hat es verarbeitet. Sie hat daraus gelernt. Freudiges und Bedrückendes wirkte weiter in ihre Zukunft.

Der Mensch könnte in seiner Wegwerfmentalität sogar noch mehr wegwerfen.

Wer mir im Weg ist, wen ich nicht brauchen kann, den schiebe ich ab. Den alten Menschen zum Beispiel; der soll mir zumindest keine Zeit und keine Mühen kosten. Oder auch Kinder; die machen Lärm und Umstände; die sollen schauen, wo sie unterkommen! Wie steht es übrigens mit Ihrem Verantwortungsbewußtsein gegenüber den Ungeborenen?

Wenn ich den Menschen wegwerfe wie ein Taschentuch, wird dann nicht eines Tages auch mein eigenes Leben zur Wegwerfware? – Wenn es mir keinen praktischen Nutzen mehr bringt, wenn es mir eine Last wird, werfe ich es weg!

Der Mensch selbst könnte das prominenteste Abfallprodukt unserer Zeit werden!

Gott denkt vom Menschen anders! Jesus Christus hat es sehr deutlich gezeigt: Er war mit Vorliebe bei unserer Wegwerfware, bei Krüppeln und Lahmen. Einem Verirrten ist er nachgegangen, auch wenn er 99 Gerechte zurücklassen mußte. Mit Sündern und Dirnen hat er gegessen.

Gott wirft niemand weg! Gott sagt jedem: Du bist und bleibst mir unendlich viel wert!

Was sollen wir aus der Welt machen? Einen Müllhaufen voller Butterbrote, Plastikschachteln und weggeworfener Menschen? – Oder ein Haus, das uns Geborgenheit schenkt, eine Wohnung, in der einer dem anderen spüren läßt: Dich muß und wird es immer geben!?

Konsumverzicht

Die Wirtschaft ist auf fortwährende Steigerung der Produktion bedacht. Dazu braucht sie ständig erhöhten Konsum. Ergebnis: manipulierte Maßlosigkeit.

Sie entkommen dieser Verführung nur, wenn Sie sich wehren. Ich stelle mir das etwa so vor: Es gibt eine Werbung, die damit rechnet, daß der Mensch wenig Vernunft, aber viel Trieb hat. Einer Firma, die mich als Konsumschaf behandelt, kaufe ich die Ware nicht ab. Oder: Jede Auslage verlockt zum Kaufen. Von einer schlichten Klosterschwester habe ich gehört, sie habe sich auch die Auslagen angeschaut. Aber ihre Reaktion: Sie hat sich gefreut, daß es so viele Dinge gibt, die sie nicht braucht. – Ob sie nicht mehr Ahnung von Lebensqualität hatte als mancher verführte Käufer? Erst wenn ich Konsumverzicht übe, werde ich frei für bessere Interessen und menschlichere Freuden.

Lebensqualität braucht zweitens mehr Menschlichkeit. – Wir sollen etwas leisten. Das ist keine Frage. Aber wir stehen unter hartem Leistungsdruck. Das ist ungesund. Das lähmt die Fähigkeit, sich beeindrucken zu lassen und zu empfangen. Merken Sie es nicht bis ins Beten hinein? Welcher Christ kann heute im Beten noch hören statt bloß reden?

Suchen Sie Menschlichkeit? Dann stemmen Sie sich gegen den Zwang des Aktivismus! Sie müssen sich ein Stück Zeit und Kraft freikaufen, um zu sich zu kommen, um etwas zu lesen, um Musik zu hören; und um einige Minuten die Sorgen loszulassen und sich vertrauend dem Blick Gottes zu stellen.

Mehr Menschlichkeit heißt vor allem mehr *Mit*-menschlichkeit. Ein Hauptgrund für die vielen Selbstmorde in Österreich ist die Einsamkeit. Ob Sie nicht Ihren Teil beitragen könnten zur Behebung dieser Not? Ein Besuch im Altersheim oder in der Wohnung einer alleinstehenden Bekannten ist menschlich ertragreicher als manche Sensation. Er lindert dem Besuchten das Alleinsein und bewahrt Sie selbst vor der Sinnlosigkeit Ihres Lebens.
Ich komme zum heikelsten Punkt: Zum guten Leben gehört das gute Sterben. Konsumzwang und Leistungsdruck haben eine verborgene Wurzel: die falsche Todesfurcht. Schon der Apostel Paulus hat in seiner heidnischen Umgebung den Spruch gehört: „Laßt uns essen und trinken, denn morgen sind wir tot!" Das ist Materialismus, reiner Diesseitsglaube. Suchen Sie Lebensqualität, dann sollten Sie dem Tod ruhig ins Auge schauen. Wenn Sie an Christus glauben, werden Sie vor dem Sterben nicht in Panik geraten, wie vor dem endgültigen Torschluß. Sie können es erwarten als die Mitternacht zu dem Tag, der alle Bruchstücke Ihres Mühens zusammensetzt und vollendet.
Und fragen Sie sich vom Tod her: Was hat Qualität: ein nur angenehmes oder ein gutes Leben? Unbedingter Genuß oder aufrichtige Liebe?

Leid und Hoffnung

Von guten Mächten wunderbar geborgen

„Von guten Mächten wunderbar geborgen, erwarten wir getrost, was kommen mag. Gott ist mit uns am Abend und am Morgen und ganz gewiß an jedem neuen Tag!"
Können Sie dieses Gebet mitsprechen? Aufrichtig! Können Sie jetzt am Abend alles loslassen: die Arbeit des heutigen Tages, die Sorge von gestern und die Angst vor morgen? Können Sie ruhig werden, vertrauen, sich geborgen wissen?
Ihr Leben ist jedenfalls nicht ungefährdet. Sie fürchten morgen für den Schulweg Ihrer Kinder. Sie haben Angst, daß in Ihrer Familie jemand krank wird. Oder daß die Wirtschaftskrise in Ihr Berufsleben greift. – Und wenn Sie nicht von außen bedroht sind, vielleicht kommt die Gefahr von innen. Es gibt schrecklich viele Depressive. Wenn sie nachts nicht schlafen können, kriecht die Angst von allen vier Wänden auf sie zu und in sie hinein.
Können Sie sprechen: „Von guten Mächten wunderbar geborgen, erwarten wir getrost, was kommen mag"?
Das Gebet ist übrigens nicht erst heute gesprochen worden, sondern vor gut 30 Jahren – von einem Mann, der damals in keiner heilen Welt gelebt hat: von dem evangelischen Bekenntnischristen Dietrich Bonhoeffer. Damals war Krieg und Bonhoeffer war im Gefängnis, angeklagt auf Hochverrat. Er hat dieses Gebet zum Neujahrstag 1945 seinen Angehörigen aus dem Gefängnis geschickt. Das war keine beruhigende Situation. Bonhoeffer hat sich auch nicht geborgen gewußt im Vertrauen auf Dinge, die er berechnen hätte können. Er hat gebetet: „*Gott* ist mit uns am Abend

und am Morgen und ganz gewiß an jedem neuen Tag!“ Er hat gewußt: Die Dinge, mit denen man sich selbst Sicherheit schaffen kann, sind nur ein Teil der Wirklichkeit. Die ganze Wirklichkeit ist größer. Zur ganzen Wirklichkeit gehört Gott. Und Gott hat schon vor langer Zeit einem Volk in der Gefangenschaft zugesprochen: „Fürchte dich nicht, ich habe dich erlöst; bei deinem Namen habe ich dich gerufen, mein bist du!“

Ich möchte Sie übrigens vor einem Mißverständnis warnen: Sich Gott überlassen, heißt nicht, Schoßhündchen Gottes spielen, alle Arbeit und Verantwortung aufgeben. Es heißt aber: Alle Arbeit und Verantwortung ohne letzte Angst, in einer ruhigen Zuversicht tun.

Ist das Gebet von Dietrich Bonhoeffer erhört worden? Gut drei Monate nach diesem Gebet, am 9. April 1945, ist er zur Hinrichtung geführt und gehenkt worden. – Hat er da seine Geborgenheit verloren? Vielleicht hat er Angst gehabt. Aber als Christ hat er auch gewußt: Jesus Christus hat nach dem Ruf der Angst „Mein Gott, warum hast du mich verlassen?“ dann doch als letztes ein Gebet des Vertrauens gesprochen: „Vater, in deine Hände befehle ich meinen Geist!“ Bonhoeffer hat gewußt: Gott kann auch durch die Katastrophe und den Tod letzte Fülle von Sinn schenken, ein tiefes Glück und ewiges Leben.

Können Sie mit ihm beten: „Von guten Mächten wunderbar geborgen, erwarten wir getrost, was kommen mag. Gott ist mit uns am Abend und am Morgen und ganz gewiß an jedem neuen Tag“?

Einer trage des anderen Last

Der Abstand zwischen reichen Industriestaaten und armen Entwicklungsländern wird immer größer. Mindestens zwei Drittel der Völker dieser Erde leiden Mangel, viele hungern. Es braucht keine besondere Phantasie, um sich auszumalen, wohin das einmal führen kann; zu welchen Verzweiflungstaten die benachteiligten Völker vielleicht getrieben werden, wenn die Güter und Lasten der Erde nicht gerechter verteilt werden.

Der Apostel Paulus faßt das Christenleben in den Satz zusammen: Einer trage des anderen Last! Der Satz gilt heute nicht mehr dem einzelnen allein, er gilt von Volk zu Volk.

Was können wir, Sie und ich, tun?

Wach werden und das Gewissen der Öffentlichkeit wecken! Und soweit es schon konkrete Hilfsmöglichkeiten gibt, anpacken! Vielleicht können verhältnismäßig wenige als Entwicklungshelfer arbeiten. Die vielen anderen sollten wenigstens durch Spenden die Last mittragen; durch Spenden, die ein spürbares Opfer, nicht nur ein kleines Almosen sind.

Der Gedanke an die Not der fernen Völker birgt freilich auch eine Gefahr: Er kann zum bloßen Diskussions- und Demonstrationsthema verbilligt werden. Man begeistert sich leicht für die Bodenreform in Brasilien oder für bessere Landwirtschaftsmethoden in Indien, solange man selbst dazu nichts Spürbares beizutragen braucht. Meine Bereitschaft, die Not der Fernen mitzutragen, wird erst dann echt, wenn ich die Last der Nahen, meiner Umgebung, mittrage.

In unseren Gebieten ist nicht der Hunger nach Brot die Hauptlast, sondern die Sehnsucht nach dem Mitmenschen. Die Menschen sind zu Massen zusammengedrängt in Städte, Wohnblöcke und Fabriken. Aber sie sind in der Masse einsamer als früher die Einsiedler.
Einer trage des anderen Last! Das Wort erinnert uns an Simon von Cyrene, der Jesus das Kreuz ein Stück des Weges getragen hat. Simon von Cyrene braucht bei uns kaum noch starke Schultern, er braucht ein waches Ohr und ein offenes Herz. Erste Liebespflicht ist das Zuhören geworden. Die Not – und die Freude des anderen sich erzählen lassen und daran teilnehmen. Das ist christliches Mittragen heute. Es beginnt zwischen den Ehegatten, geht Eltern und Kinder an und trifft Berufstätige und Pensionisten.
Es gibt aber auch in unseren Gegenden noch Lasten, die außer menschlicher Anteilnahme dringend materielle Hilfe brauchen. Denken Sie an behinderte Kinder, an pflegebedürftige Menschen in Heimen und Wohnungen; an Strafentlassene, die guten Willen zu einem neuen Anfang haben, aber kaum Arbeitsplatz und Unterkunft finden und natürlich in ihrer Durchhaltekraft begrenzt sind.
Der Wohlstand könnte einen Panzer von Selbstzufriedenheit um das Herz legen, durch den keine fremde Not mehr durchdringt. Beim Endgericht wird Christus aber nicht fragen: Wie angenehm hast du gelebt? Sondern: Wie viel hast du deinem notleidenden Bruder geholfen? Wie weit hast du seine Last, und das heißt, mein Kreuz, getragen?

Die Erde ist schön

Können Sie an Blumen, an Kindern – und an Liebe vorbeigehen ohne Freude und ohne Wunsch?
Die Christen haben früher viel von Weltverachtung gesprochen. Wahrscheinlich haben sie dabei nicht genau an diese Dinge gedacht. Jedenfalls hat Christus nicht diese Dinge verachtet. Wenn er von der „bösen Welt" gesprochen hat, hat er das zwielichtige Leben gemeint: das Urteilen nur nach Modemeinung, das Genießen ohne Verantwortung, das Vorwärtskommen mit allen Mitteln. So eine Welt ist nichts wert, ist rücksichtslos – und lügt.
Aber die anderen Dinge sind gut: der kommende Frühling, das Verstehen der Gatten und ihre Freude mit den Kindern. Auch viele andere Dinge sind gut: die Kunst und der Sport, der Beruf, die Urlaubstage. Diese Dinge kann man nicht geringschätzig links liegenlassen!
Die Erde ist zu schön, um verachtet zu werden!
Freilich gibt es auf dieser schönen Erde auch die andere Seite: die Armut; materielle und seelische; es gibt Einsamkeit. Und gerade Armut nach einem wohlhabenden Leben – und Einsamkeit, in die man geraten ist aus guter Gemeinschaft heraus, tun besonders weh. Sie wirken wie ein gebrochenes Versprechen: Die Erde hatte Hoffnungen geweckt; mit jedem guten Ding neue Hoffnungen. Aber sie hat die Hoffnungen nicht erfüllt.
Treibt die Welt also mit uns eine Art Katz-und-Maus-Spiel? Ein Stück läßt sie uns laufen, damit wir Hoffnung schöpfen. Dann beißt sie umso ärger zu, am Ende tödlich.

Müssen wir uns dieses Spiel gefallen lassen? Uns in dieses Paradoxe an der Erde ergeben: Zu schön, um verachtet zu werden, – aber zu arm, um uns ganz glücklich zu machen?
Oder ist die schöne Erde – ein Köder, den Gott an seine Angel steckt, damit wir anbeißen; damit wir nicht mehr loskommen von der Sehnsucht nach Besserem; damit er uns an sich ziehen kann, um unser unersättliches Herz zu sättigen?
Nein, Gott hat es ganz anders gemacht!
Gott ist in die Erde eingestiegen, in ihr Glück und in ihre Einsamkeit, sogar in ihren Tod. Christus ist in dieser Erde begraben – und ist aus dieser Erde auferweckt worden.
Gott wartet *in* dieser Erde auf uns!
Und deswegen werden uns die guten Dinge dieser Erde nie mehr ganz genommen werden, auch wenn sie, wie das Weizenkorn, erst sterben müssen, bevor sie wirklich sättigende Frucht bringen.
Ihr ständiger Einsatz für diese Welt ist nie mehr umsonst, selbst wenn Ihr Lebenswerk durch eine Katastrophe vernichtet würde. Und wir sollen zusammenhalten, auch wenn unsere Beziehungen noch durch viele Hindernisse und selbst durch den Tod gestört sind.
Denn das sagt uns der auferweckte Leib Christi: Gott wirft die Erde nicht weg! Er hat begonnen, sie zu verwandeln. Und wir haben seine Zusicherung: Den letzten, vollendenden Handgriff an ihr, den wir nicht leisten können, wird *er* tun!

Gott finden – auf der Straße

Wo finden Sie Gott? In der Kirche? Oder in der Natur?
Der Apostel Paulus sagt: „In ihm leben wir, bewegen wir uns, sind wir." Wir können ihm also überall begegnen. Ich möchte Sie auf einen Ort aufmerksam machen, an dem Sie ihn sehr oft finden können: die Straße.
Sie begeben sich auf die Straße, wenn Sie in der Wohnung nicht alles haben, was Sie brauchen: Wenn Sie zur Arbeit müssen oder wenn Sie Erholung suchen. Sie suchen die Straße auf, wenn Sie aus der Stadt hinaus wollen, um Wiesen und Berge zu sehen oder um Bekannte zu treffen. – Die Straße ist Zeichen, daß Sie auch zuhause nicht ganz daheim sind: daß Sie immer von irgendeiner Notwendigkeit oder Sehnsucht anderswohin gedrängt werden.
Ein Wort des hl. Augustinus zeigt den tiefsten Grund, warum Sie nicht an einem Ort sitzenbleiben: „Du hast uns erschaffen auf dich hin, o Gott, und unruhig ist unser Herz, bis es ruht in dir!"
Haben Sie die Straße schon als Zeichen dieser Unruhe erlebt, als Zeichen Ihrer Sehnsucht nach dem unbedingt Guten, nach dem Ziel Ihrer Liebe, nach Gott?
Sie dürfen sich aber Gott nicht nur vorstellen wie ein fernes Ziel, das Sie in Ihrem Leben doch nie erreichen. Durch die Menschwerdung in Jesus ist Gott in die Welt gekommen, um alle unsere Wege mitzugehen. In Jesus ist Gott unser ständiger Reisebegleiter geworden.
Erinnert Sie die Straße und ihre Umgebung daran, daß Jesus auf Straßen unterwegs war und dabei die Blumen und Vögel

gesehen hat; daß er Menschen begegnet ist, ihnen geholfen hat und ihnen Freund geworden ist? Und daß er versprochen hat, unsere Wege mitzugehen bis ans Ende der Zeit?

Gott ist allerdings nicht nur ein netter Reisebegleiter, der uns Geborgenheit schenkt und auf die schönen Dinge der Welt aufmerksam macht. Gott ist ein Begleiter, der auch etwas fordert. – In jedem Überholmanöver ruft er zur Verantwortung. In jeder Begegnung – unterwegs, am Urlaubsort oder daheim – verlangt er: Rücksicht, nicht Selbstsucht; Treue, nicht irgendeinen zweifelhaften Flirt!

Sie wissen: Jesus wird beim Gericht zu einem jeden sagen: „Was du dem Geringsten meiner Brüder getan hast, das hast du mir getan!“ Gerade auch auf der Straße machen wir uns Gott zum Richter oder Freund.

Auf der Straße kann noch mehr geschehen. Es passieren Unfälle. Auch tödliche. – Falls auf der Straße Ihre letzte Stunde käme, sollten Sie Gott nicht als Egoist den Rücken kehren, sondern als Freund das Gesicht zuwenden! Und er soll Ihnen alles in allem werden können!

Denken Sie auf Ihren Reisen an diese letzte Verantwortung?

Ich wünsche Ihnen: Sie mögen so fahren, daß Sie in schönen und anfordernden Situationen den finden können, nach dem Ihr Herz unruhig ist und der einmal Ihre volle Freude sein will: Gott!

Warum läßt Gott das zu?

Angesichts von so viel Leid in der Welt drängt uns alle die Frage: Warum läßt Gott das alles zu? Der allmächtige, gerechte, gütige Gott. Der Gott, von dem wir hören: „Er hat seinen Engeln befohlen, daß sie dich schützen auf all deinen Wegen."

Eines wissen wir: Gott hat auch gesagt: „Macht euch die Erde untertan!" Tut *ihr* das Eure, daß in der Welt Gesundheit und Gerechtigkeit herrschen. Bringt Opfer für die Freiheit! Gott will nicht, daß wir von ihm singen: Der Papa wird's schon richten!

Es ist auch wahr: Der allmächtige Gott entmachtet noch nicht die gottlosen Mächte. Gott ist stark und sicher genug. Er bringt den Wagen der Geschichte ans Ziel, auch wenn er ihn nicht an jeder Gefahrenstelle anhält.

Dennoch werden wir mit diesen Antworten nicht zufrieden. Wenn der Allmächtige auch an sein Ziel findet, so kann doch der Gerechte und Gütige nicht gleichgültig über Entrechtete und Verstümmelte hinwegfahren!

Oder sind Unglück und Leid Strafe Gottes? Muß der Mensch, was er sät, auch ernten?

Wer so denkt, maßt sich ein zu sicheres und ein unchristliches Urteil an. Wer kann feststellen, wer den Beginn der vielen unseligen Verschuldungen geliefert hat? Gott ist überhaupt nicht ein Gott der Rache. Er fordert nicht Zahn um Zahn und Aug um Aug. Er nennt sich einen Gott des Erbarmens durch alle Geschlechter.

Was soll ich Ihnen noch sagen? Es ist besser, ich gestehe

Ihnen: Ich weiß keine Antwort, keine umfassende und befriedigende Antwort. Wenn Sie eine solche Antwort suchen, dann bekommen Sie hier keine. Denn Gott schweigt. Gott spricht nicht zu unserem rechtenden Verstand.
Gott offenbart sich höchstens dem, der bereit ist, vor ihm, dem Unbegreiflichen, erst still zu sein. Der bereit ist, vor der Antwort auf diese Fragen: zu glauben. Wenn Sie glauben wollen, heißt Gottes Antwort: Jesus Christus. Alle Fragen: Warum läßt Gott das Unglück und das Unrecht zu? drängen in die eine Frage: Warum hat Gott beim Kreuz nicht eingegriffen? Denn wo immer Menschen leiden, dort leidet Christus mit. Und in den Zügen der Verängstigten und Vergewaltigten aller Welt erkennen wir seine Züge.
Christus hat es fertiggebracht, in der Stunde, da er die Sünde und das Leid der Welt getragen hat, Gott Vater zu nennen.
Und vielleicht lernt, wer sich Christus anschließt, ausdrücklich oder unbewußt, von Gott so groß zu denken, daß ihn stärker als das Leid – die Sünde der Welt schreckt. Vielleicht kann er vertrauen, daß jenes Wort nicht billige Vertröstung ist: „Die Leiden dieser Zeit stehen in keinem Vergleich mit der Herrlichkeit, die an uns offenbar werden wird.“ Und vielleicht erhält er die Zuversicht, daß ein unbegreiflich großes Herz das Leid nicht bannen muß, sondern einbeziehen kann in seine Liebe.

Chancen des Leids

Da berichtet das Evangelium (Joh 9, 1–41) von einem Menschen, der in Not war. Er war blind, und zwar von Geburt an. – Auf diese Not gab es eine übliche Reaktion. Die Gefährten Jesu fragten: „Woher hat er das?" Sie meinten nicht, von welcher medizinischen Ursache, von welcher Infektion. Sie meinten: Was für eine Schuld steckt dahinter? Denn Not ist ja Strafe. Sie ließen zwei Möglichkeiten offen: Entweder er selbst hat gesündigt – oder seine Eltern. Wenn schon er nichts Böses getan hat, dann muß er doch mindestens eine Schuld der Eltern abbüßen.

Diese Fragestellung der Gefährten Jesu damals ist noch heute sehr verbreitet. Wenn einen *anderen* ein Unglück trifft, dann hat ihn Gott gestraft. – Und wenn man *selbst* eine Last zu tragen bekommt, wird die Frage zur Anklage: Womit habe ich denn verdient, daß mich Gott so straft? – Die einzige Erklärung des Übels liegt in der Vergangenheit, in irgendeiner Schuld. Wenn wir auf das Woher eine Antwort finden, meinen wir die Not befriedigend erklärt zu haben.

Jesus sieht die Sache anders. Zunächst weist er die Frage nach der Schuld einfach ab: „Weder er noch seine Eltern haben gesündigt", sagt er. Die Blindheit ist nicht Strafe. Jesus sieht das Wesen des Leids in einer ganz anderen Richtung. Er sagt: „An diesem Blindgeborenen sollen Gottes Werke offenbar werden." Für Jesus erklärt sich das Leid nicht aus der Vergangenheit. Es ist vielmehr offen für die Zukunft. Das Leid trägt Chancen für größere Dinge in sich.

Die Werke Gottes sollen durch das Leid offenbar werden, sagt Jesus. Das hat für diesen Blinden geheißen: Er soll durch Jesus das Augenlicht erhalten. Damit wird er die Welt mit ihren Gestalten und Farben besonders deutlich als Geschenk Gottes erfahren. Für ihn wird das ein größeres Glück, als wenn er immer gesehen hätte.

Das Leid trägt seinen Sinn in der Zukunft. Das hat eine dreißigjährige Frau, die von Kindheit an blind war, erlebt, als ihr die Chirurgen durch eine Operation das Augenlicht schenkten. Sie hat dann gestanden: „Ich hätte mir in meinen kühnsten Träumen nicht vorstellen können, daß die Welt so schön ist." Auch durch die Hände von Chirurgen können Gottes Werke offenbar werden.

Wie die Werke Gottes offenbar werden, das wissen wir oft im einzelnen nicht. Für manches Leid liegt der volle Sinn auch nicht in den kommenden Jahren, nicht in der Zeit, sondern in der Zukunft Gottes, in der Ewigkeit. Viele werden erst dann klar sehen, wie Gott ihre Trauer in Freude wandelt.

Die kühnste Chance im Leid nennt der hl. Augustinus: Sogar die Schuld mit ihren leidvollen Folgen kann zum Glück werden. Die Sünde Adams, der ganzen Welt, ist zur „glücklichen Schuld" geworden, sie hat ihr Ziel gefunden im Kreuz und in der Auferstehung Jesu.

Sie fragen sich: Warum straft mich Gott so? Fragen Sie anders! Grübeln Sie nicht zurück in die Vergangenheit! Schauen Sie in die Zukunft und fragen Sie: Wie kann meine Leidenslast fruchtbar werden – zum Glück für mich und andere und damit zur Ehre Gottes?

Hat so ein Leben noch einen Sinn?

Ich kenne eine junge Frau. Schon viele Jahre lang. Neulich habe ich sie besucht. Sie ist seit über 30 Jahren mehr in Krankenhäusern, jedenfalls mehr im Krankenbett als auf den Beinen. Ein heimtückisches Siechtum frißt an ihrem Leben. Sie ist an der Wirbelsäule operiert worden. Ein Arm, ein Bein sind ihr amputiert worden. Einige Glieder der noch verbliebenen Hand haben wegmüssen. Der Hals ist wund. Sie kann nichts essen, nur kalte Flüssigkeit trinken. In letzter Zeit hat die Arme auch hohes Fieber und Krämpfe. – Dabei ist die Christa lebensfroh – gewesen. Jetzt geht das Kranksein manchmal über ihre Kraft. Sie hält ihr Dasein fast nicht mehr aus.

Hat so ein Leben noch einen Sinn? Oder wäre es sinnvoller, damit Schluß zu machen?

Ich gestehe Ihnen: Das Leben dieser jungen Frau hat einen Sinn – für mich. Wie ich die Christa wiedergesehen habe, sind mir meine eigenen Schwierigkeiten zusammengeschrumpft. Sie sind mir jetzt nicht viel mehr als Wehwehchen. – Ob es uns ichbefangenen, um die eigenen Sorgen und Schmerzen kreisenden Menschen nicht gut täte, hie und da eine Stunde bei so einem Menschen zu verbringen? Damit wir die Proportionen wieder richtiger sehen. Damit wir erkennen, wieviel Last andere Menschen zu tragen haben und wie oft unsere eigenen Probleme im Grunde – Bagatellen sind. Vielleicht würden wir uns dann eher um die wirkliche Not anderer kümmern – und dabei selbst gesunden.

Hat so ein Leben noch einen Sinn? Ich weiß von der Christa,

daß sie in ihren schlaflosen Nächten oft betet – nicht für sich, für andere. Vor allem für die Priester bete ich, sagt sie. Und sie findet darin einen Sinn. Ich könnte mir denken, daß unsere orientierungslose Zeit, daß auch wir krisenbefallenen Priester von so einem Krankenbett her, von so einem Gebet, mehr Hilfe erhoffen dürfen als aus unseren Diskutierklubs.

Hat so ein Leben einen Sinn? Heute bastelt man gerne am Leben herum. Am werdenden Leben etwa im Labor. Man räumt ungeborenes Leben mit recht wenig Bedenken weg. Man gefährdet im Straßenverkehr ziemlich unbekümmert eigenes und fremdes Leben. – Werden wir nicht doch im Gewissen unruhig, wenn wir sehen, daß ein Mensch ein noch so schmerzvolles Leben nicht wegwirft?

Hat so ein Leben noch einen Sinn? Wir sehen allmählich den einzigen Sinn des Menschseins in der Leistung. Im Bau von Apparaten und im Zusammenscharren von Geld. – Aber wahrlich, dieses Mädchen und viele Kranke, Alte, Einsame sind mehr Mensch als mancher Produzent. Sie zeigen deutlicher, was die letzte Tiefe des Lebens ist: nicht Erfolg, sondern Liebe. Tätige Hingabe an die Welt, wo es möglich ist. Wo es aber nicht anders geht, auch Treue zu einer leidgeprüften Welt. Sie erinnern uns, daß Christus in den letzten drei Stunden seines Lebens durch sein gehorsam und liebend ertragenes Leid die Welt mehr gelehrt und der Welt mehr gegeben hat als vorher in den Jahren seines Lehrens und Heilens.

Hat so ein Leben einen Sinn? Ich bin überzeugt: Wer in so widersinnigem Leid, wie es die Christa trägt, tapfer bleibt, dem glauben wir leichter als glückstrotzenden Menschen, daß das Leben auf jeden Fall einen letzten Sinn hat; daß wir auch in der härtesten Prüfung – reifen können zu der Liebe, die uns voll beglücken wird.

Leben nach dem Tod?

Meinen Sie, daß mit dem Tod alles aus ist?
Sie suchen jedenfalls ein erfülltes Leben hier in der Welt. Erreichen Sie es? – Wahrscheinlich gelingt Ihnen nicht alles. Und wo Sie den Umsatz in Ihrem Geschäft steigern, wo Sie einen Rekord im Sport erringen oder wo Sie sich einfach mehr Vergnügen leisten können, sind Sie dennoch nicht zufrieden.
Wenn Sie einen Menschen wirklich sehr gerne haben, denken Sie dann nicht unwillkürlich: „Du kannst nicht einfach aufhören zu sein! Dich muß es immer geben!"?
Steht Ihnen in all dem nicht unbewußt ein Glück vor Augen, das alle Grenzen abstreift; eine Erfüllung, die Sie hier nur suchen, aber nie erreichen werden?
Das ist die zweite Frage: Gibt es diese Erfüllung nach dem Tod? Wir haben ja keinen Beweis. Es ist noch keiner zurückgekommen!
Hat diese Erfüllung noch niemand glaubwürdig bezeugt? – Wie ernst nehmen Sie Christus und das Christentum? Christus hat fest gehofft, daß mit seinem Tod nicht alles aus sein werde. Er hat alles auf diese Hoffnung gesetzt. Er hat das völlige Scheitern dieses Lebens deswegen in Kauf genommen.
Und das Christentum hat 2000 Jahre lang als Kern seiner Botschaft verkündet: Jesus Christus ist gestorben. Er hat sich aber auch unerwartet und überzeugend den Aposteln und vielen anderen in einem neuen, endgültigen Leben gezeigt. Und Jesus Christus hat vor seinem Tod versprochen:

„Ich gehe voraus, euch eine Heimat zu bereiten."
Ich habe noch eine dritte Frage: Mit dem Verstand allein werde ich nie zu einer vollen Sicherheit kommen. Es gibt Dinge, auf die man sich einlassen muß im praktischen Leben, um zu merken: Sie sind Wirklichkeit oder sie sind Täuschung. Um an eine endgültige Erfüllung unseres Lebens zu glauben, muß ich jetzt – wie auf der Reise leben! Die Ziele, die wir hier erreichen, sind immer nur Campingplätze. Da kann man nicht ständig bleiben. Man muß das Zelt wieder abbrechen und den Wohnwagen weiterfahren. Wer auf eine endgültige Erfüllung hofft, darf nicht bitter werden, wenn die beglückendsten Dinge und die schönsten Augenblicke vorbeigehen. Er soll sich nicht einmal vollständig niederdrücken lassen, wenn ihm die liebste Begegnung, der beste Mensch genommen wird. Er soll vertrauen, daß es ein tieferes Zusammenleben, ein Wiedersehen ohne die Angst vor neuem Verlust geben wird.
Mir fällt ein makaberer Vergleich ein. Als es noch die Todesstrafe gab, genehmigte man dem Verurteilten ein Henkersmahl. Er konnte essen, was er wollte. Und manch einer hat gierig zugegriffen. Es hat nämlich eine unheimliche Gefährtin mitgegessen: die Angst, es könnten die letzten Freuden überhaupt sein.
Als Christen sollten wir nicht gierig zugreifen bei allen Genüssen. Wir können manchen guten Bissen ruhig vorbeigehen lassen. Mit uns geht eine bessere Gefährtin als die Angst, und Sie werden merken, daß sie nicht trügt. Mit uns geht die alles erwartende Hoffnung.

Freiheit und Friede

Unterwegs zur Freiheit

Der Mensch ist zur Freiheit erschaffen. Wir alle, Sie und ich, möchten möglichst gleich und ganz frei sein. Aber von heute auf morgen werden wir nicht frei. Zur vollen Freiheit gelangt man nicht durch einen tollkühnen Sprung. Da ist die Freiheit zu weit weg. Man spränge in den Graben. Der Mensch kommt zur Freiheit nur in mühsamen Schritten. Wir sind zur Freiheit immer nur unterwegs.

Wir sind alle eingeengt durch persönliche Schwächen und durch Schranken von seiten der Umwelt. Und wir werden unsere Abhängigkeit nicht los durch einen zornigen Ausbruchsversuch, sondern indem wir unsere Grenzen sehen und zunächst annehmen. Der Mensch beginnt erst dann freier zu werden, wenn er es fertigbringt, auch unter Grenzen an seinen Wert zu glauben und deshalb zu sich und den eigenen Anlagen und Schwierigkeiten ja zu sagen.

Dieser Annahme seiner selbst muß freilich ein zweiter Schritt folgen. Wer frei werden will, braucht auch den Mut, aus seiner begrenzten Situation herauszusteigen, hinein in eine offenere Welt. Er darf sich mit der eigenen Enge nicht abfinden. Er muß vor allem aus dem ewigen Kreisen um sich selbst herausspringen und sich für andere interessieren. Wir erfahren und aktivieren unsere Werte und Möglichkeiten erst richtig, wenn wir für andere da sind. Das Ich wird frei im Du.

Fortschreitende Befreiung ist also gebunden an wachsendes Vertrauen zu den Mitmenschen, an einen Vertrauensvorschuß, den wir geben. Wer den Mut aufbringt, sich von den anderen auch ungewohnte Fragen stellen zu lassen und auf unbequeme Ansichten einzugehen, wer sich aufrichtig und mutig auf die Umwelt einläßt, der ist unterwegs zur Freiheit. Auch die Gesellschaft wird nur dann freier, wenn sie ihre bisherigen Gesetze nicht zementiert, sondern wenn sie – entsprechend den geänderten Umständen – zu ungewohnten, freilich gut überlegten Veränderungen bereit ist. Aber nicht in einem haßerfüllten Kampf, sondern in Achtung vor der Würde der Mitmenschen. Auch die Gesellschaft macht letztlich nur der freier, der sie liebt.

Damit wir uns selbst annehmen und damit wir zum Mitmenschen aufbrechen können, braucht es noch ein Drittes. Ohne das halten wir den Weg zur Freiheit jedenfalls nicht auf die Dauer durch.

Ein Gefängnisseelsorger hat mir erzählt: „Unter meinen Kumpeln, den Strafgefangenen, kann ich mir keinen vorstellen, der die zehn oder zwanzig Jahre, die er absitzen muß, durchhielte ohne die Hoffnung: Nachher komme ich tatsächlich frei!“ – Diese Erfahrung gilt nicht nur für das Gefängnis.

Wenn wir – über alle Mühen und Mißerfolge hinweg – unterwegs bleiben, dürfen wir hoffen, daß Gott unsere kleinen, nie ganz erfolgreichen Schritte dennoch hinlenkt zu einem letzten Erfolg, zur Freiheit eines gewandelten Lebens in einer neuen, endgültigen Welt.

Verantwortete Freiheit

Im Jahr 1955 ist Österreich wieder ein souveräner, ein freier Staat geworden. Ein Blick auf unsere Nachbarn, die ein anderes politisches Geschick erfahren haben, zeigt, wie sehr wir für diese Freiheit dankbar sein sollten. – Ist nicht der sinnvollste Dank: die uns geschenkte Freiheit zu verantworten und zu entfalten?

Das wird heißen, daß wir klug, aber entschieden daranbleiben, alle Hindernisse der Freiheit abzubauen: allen unsauberen Machtkampf, alle Angst und alle unnötige Bevormundung. In Staat und Kirche.

Verantwortete Freiheit verlangt etwas von jedem einzelnen in seinem persönlichen Bereich. Sie kennen den Herrn Karl: jenen Österreicher, der sich nach dem jeweils wehenden politischen Wind zu drehen weiß; der sich bei der Arbeit nichts ausreißt und die Mitmenschen benützt, wie es sein Spießerbauch verlangt. Wo immer einer ein Stück vom Herrn Karl lebt, entstellt er die Freiheit. Er macht sie zur schrankenlosen Möglichkeit, sich vollzustopfen und auszuleben.

Sicher haben jene Österreicher freier gelebt, die von 1938 bis 1945 eine eigene Meinung hatten und dafür ins KZ gingen. Sie haben auch mehr für unsere Freiheit getan. Eigene Meinung und Charakter sind übrigens noch nicht unbedingt volle Freiheit. Sie können für sich allein auch einen bloßen Machtkampf von Dickschädeln und Ellbogen ergeben. Freiheit braucht Rücksicht. Freiheit muß man erwerben *und* schenken. Freiheit ist eine Sache der Gegenseitigkeit.

Vor einigen Tagen fuhren in der Bahn einige Schüler. Einer sagte: Komisch, wir fühlen uns von den Eltern unterdrückt, und die Eltern sagen, wir tyrannisieren sie. – Der Bub scheint gespürt zu haben, daß es Freiheit nur in Selbstdisziplin gibt und im Willen, den anderen in seiner Eigenart genügend gelten zu lassen; die Kinder die Eltern und die Eltern die Kinder.
Vielleicht entfaltet ein Bursch seine Freiheit erst dann richtig, wenn er sich nicht nur die nötige Unabhängigkeit von außen erkämpft, sondern es zugleich fertigbringt, etwa seinem Mädchen zulieb das Rauchen aufzugeben. Wer aus Liebe, also aus freien Stücken sich selbst begrenzt, um dem anderen einen Raum zu bieten, in dem er sich entfalten kann, der lebt verantwortete Freiheit.
Ich meine auch, daß eine Frau reife Freiheit zeigt, wenn sie einen charmanten Kavalier abblitzen läßt aus Treue zu ihrem Mann. Freiheit ist ja nicht unverbindliches Herumflattern. Freiheit ist die Kraft, sich hinzugeben und verantwortlich zu binden.
Freiheit wächst aber selbstverständlich nicht nur in der Liebe zwischen Mann und Frau. Wir stehen einer ganzen Welt von Geschöpfen gegenüber, Menschen und Dingen. Und Sie wissen: Wir können diese Welt von Menschen und Dingen mißbrauchen oder entfalten, beschmutzen oder verschönern. Begegne ich der Schöpfung verantwortlich, so entfalte ich damit die tiefste Fähigkeit des Menschen: Ich antworte jenem, der mich aus der Schöpfung anspricht. Ich gebe mich verbindlich hin an Gott.
Die reifste Entfaltung der Freiheit scheint mir zu sein: Daß ich vor diesem Gott nicht in Angst krieche wie vor einem Tyrannen, sondern ihm begegne als dem Gott Jesu, als dem Vater, vor dem ich die letzte Angst fallen lassen darf, sogar die Angst vor dem Tod.

Schwerter werden zu Pflügen

„Man wird Schwerter zu Pflügen schmieden. Und das Kriegshandwerk wird es nicht mehr geben.“ – Dieses Wort stammt nicht etwa vom jüngsten Friedensnobelpreisträger, sondern von einem gewissen Jesaja, einem Propheten des Alten Bundes, der vor fast 3000 Jahren gelebt hat. Das Problem ist so alt wie die Menschheit.

Als Christen glauben wir, daß Christus selbst wiederkommen wird, um uns den endgültigen Frieden zu bringen. Wir wissen aber auch, daß er für diesen vollen Frieden von uns Vorarbeit verlangt. Was können wir für den Frieden tun?

Manche Politiker leisten gute Arbeit für den Frieden. Aber die große Politik braucht als Rückhalt die öffentliche Meinung. Und die ist auch in unsere Hand gelegt. Wir können, bis in die Erziehung der Kinder hinein, dem Frieden eine gute Atmosphäre schaffen. Wir können die Massenmedien, die Zeitungen und den Rundfunk, drängen, daß sie erfinderisch und beharrlich bleiben in der Erziehung zum Frieden.

Wir müssen, solange wir in unsrer Ohnmacht Kriege noch nicht einfach verhindern können, wenigstens die Greuel des Krieges mindern. Wir müssen das Gewissen der Welt schärfen gegen jede Unmenschlichkeit, gegen die Folterung von Gefangenen und gegen die Entführung von Geiseln. Es sollte allen Staaten und jedem einzelnen Soldaten und Freischärler von vornherein die Lust zu Grausamkeiten vergehen, schon allein wegen der zu erwartenden Reaktion der gesamten Welt!

Was können wir für den Frieden tun? Wir dürfen nicht nur schreiben und reden! Wer Gewalt ächten will, muß auf Gewalt verzichten, auch wo ihm dieser Verzicht Nachteil bringt.

Die Kirche feiert ein Fest der unschuldig getöteten Kinder von Bethlehem; dies erinnert uns an eine bis in den privatesten Bezirk hineinreichende Friedenskonsequenz. – Wenn ich davon spreche, will ich nicht arme Menschen verurteilen, am wenigsten solche, die in einer ausweglos scheinenden Situation eine Kurzschlußhandlung begangen haben. Ich bitte Sie nur – um des Friedens, auch um Ihres persönlichen Friedens willen: Bedenken Sie, daß die Zahl der gefallenen Soldaten nur ein kleiner Bruchteil ist von der Zahl der vor der Geburt getöteten Kinder!

Friede ist auf weite Sicht nur dort gesichert, wo man den anderen Menschen, gerade den wehrlosen, in seinem Lebensrecht unbedingt achtet.

Was wird die Zukunft bringen, Krieg oder Frieden?

Die Entscheidung liegt auch bei uns. Und die Entscheidung kann manchmal schwer sein. Aber es ist Entscheidung zwischen Schwert und Pflug, zwischen Schlachtfeld und Ernteacker. Und wir wollen doch alle, daß die Zukunft unserer Erde von Segen, nicht von Grauen gezeichnet sei!

Mißbrauch der Sprache

Sind die Massenmedien in ihrer Berichterstattung objektiv? – Man redet heute sehr schnell von Manipulation. Oft nennt man manipuliert einfach das, was man selbst nicht gerne hört.
Aber die Manipulation ist eine wichtige Frage. Sie ist eine Frage über die Massenmedien hinaus. Sie ist ein allgemein menschliches Problem. – Und darüber wollen wir jetzt kurz nachdenken.
Das natürlichste Medium der Nachrichtenverbreitung ist der einzelne, ist seine Zunge. Und ich fürchte, wir einzelnen kontrollieren nicht immer genau, ob unsere Berichterstattung stimmt.
Ein Ehegatte ist gestorben. Er war krank und hatte eine Last bedeutet. Jetzt ist er tot. – Sofort laufen Nachrichten um: „Wer weiß, woran er gestorben ist!" Der Arzt stellt die Ursache eindeutig fest, eine natürliche Ursache. Aber die Gerüchte laufen weiter. Bald ist es sicher; der ganze Ort weiß es ja: Die Frau hat ihren Mann vergiftet!
Glauben Sie nicht, ich hätte diese Geschichte erfunden! Sie hat sich wirklich zugetragen! Geschichten wie diese, Geschichten eines verantwortungslosen Geredes, sind mir schon mehrmals in der Wirklichkeit des Lebens begegnet.
Dabei müssen solche Sensationsmacher keineswegs zwielichtige Gestalten aus der Halbwelt sein. Manchmal sind es durchaus ehrsame und honorige Leute. Oft sind es Menschen, die sich mit Betonung Christen nennen. – Ich meine allerdings, daß solch böser Tratsch mit dem Christentum

genausoviel zu tun hat wie der Teufel mit dem lieben Gott. Die Bibel urteilt darüber sehr klar: „Wer meint, er sei fromm, aber seine Zunge nicht im Zaum hält, dessen Frömmigkeit ist Trug!“

Das Spektrum der Tratschsucht ist übrigens sehr breit. Es umfaßt die bewußte Verleumdung und das unkontrollierte Weitersagen von Gerüchten. Es reicht bis zum Erzählen von wahren Dingen – nur daß man sie aus dem Zusammenhang reißt oder ihnen durch den Tonfall einen gezielten Sinn gibt. Mißbrauch der Sprache.

Der Mißbrauch der Zunge reicht sogar bis zur Rede, an der alles stimmt, nur eines fehlt: die Rücksicht. Denn man darf nicht immer alles sagen, selbst wenn es wahr ist. Auch die Wahrheit kann schaden, vor allem, wenn sie aus einem mißgünstigen Herzen kommt. Kalte Wahrheit kann einen sogar erfrieren lassen.

Die Bibel sagt: Die Wahrheit tun in Liebe! – Als Eltern müssen Sie Ihrem heranwachsenden Kind notfalls auch einmal mit Strenge begegnen. Wenn das Kind aus dem Wort und aus Ihrem ständigen Verhalten aber Liebe durchspürt, wird es auch einmal eine bittere Wahrheit annehmen, und sie wird ihm helfen.

Das Wort des Menschen kann gefährlich sein wie eine Giftschlange. Es kann töten. Das Wort des Menschen kann auch wohltun wie ein Freund. Es kann aufrichten, Mut machen, es kann Freude – und Leben schenken. Oder sind Sie nicht schon einmal im Spital gelegen und haben sich über ein Wort in Liebe mehr gefreut als über die fünfte Bonbonniere?

Er folgte seinem Gewissen

Sicher ist Ihnen der „Fall Jägerstätter“ bekannt.
Ich bin im Krieg selbst vor einer ähnlichen Entscheidung gestanden. Ich habe einrücken müssen. Und es hat sich mir die Frage aufgedrängt: Darf ich in diesem Krieg den Wehrdienst leisten? – Ich habe nicht *so* klar wie Jägerstätter gesehen. Vielleicht bin ich auch weniger mutig gewesen als er – und bin deshalb nicht zu einem so klaren Urteil gekommen. Ich bin eingerückt.
Vielleicht sind Sie selbst Soldat gewesen. Ich weiß nicht, ob Sie damals erkannt haben, auf welcher Seite das Recht stand. Im Krieg ist das oft eine komplexe Sache. Sie haben zum Kämpfen ja gesagt und Ihr Leben eingesetzt – vielleicht sogar nach bestem Wissen und Gewissen.
Ist es wirklich so entscheidend, was man tut: schießen, auch wenn der Krieg nicht ganz gerecht ist oder – sich köpfen lassen, weil man diesen Krieg für schlecht hält?
Lassen Sie mich eine Gegenfrage stellen: Wer verantwortet denn in einem ungerechten Krieg die Unterdrückung ganzer Völker? Wer verantwortet die Toten so eines Krieges? Wer verantwortet – Auschwitz?
Soll das alles einfach geschehen, weil man „eh nix machen kann“? – Oder soll alle menschlichen Greuel, gegen die wir nichts tun – Gott vor uns verantworten?
Es gehört doch zum erwachsenen Menschen, daß er sich, in gründlichem Suchen nach der Wahrheit, in ehrlichem Durchdenken der Situation, ein Urteil bilden kann, was recht ist. Ein verpflichtendes Urteil, von dem er weiß: Not-

falls habe ich für diese Entscheidung mit dem eigenen Kopf einzustehen!

Freilich, vielleicht sind wir nicht alle gleich fähig, in einem komplizierten Fall Gut und Böse klar auseinanderzukennen. Vielleicht weiß auch nicht jeder sofort, was tun, wenn bei einer solchen Entscheidung die eigene Frau zur Witwe und die Kinder zu Waisen werden können. Das mag einiges entschuldigen in unserer Gewissenshalbheit.

Aber müßten wir unser Gewissen nicht zumindest schulen? Vielleicht ist es ein guter erster Schritt, wenn wir uns einmal von unbewiesenen Verdächtigungen eines Kollegen deutlich distanzieren, auch wenn wir damit allein und blamiert dastehen.

Vielleicht bringen wir mit der Zeit eine Haltung auf wie jene Frau, die vor Gericht sich und ihre Angehörigen durch eine kleine Verdrehung der Tatsachen aus der Patsche hätte ziehen können. Sie ist um diese ungenaue Aussage gebeten worden. Und die Bitte abzuschlagen, ist ihr peinlich gewesen. Aber sie hat die Lüge verweigert und hat die unangenehmen Folgen getragen.

Das mag als harte Zumutung erscheinen. Aber wer in so einem Fall in unbedingter Treue zu seinem Gewissen steht, der lebt nicht mehr nur nach Nutzen oder bloßer Anständigkeit.

Wer in letzter Treue seinem Gewissen folgt, der begegnet damit, ob er es weiß oder nicht, Gott – und findet darin seine Größe und seinen Frieden.

Haben wir Frieden?

Ich habe noch im März 1945, also kurz vor Kriegsende, auf einem Hauptverbandsplatz in Ungarn als Sanitäter Dienst gemacht. Die Verwundeten sind zum Teil in einer Turnhalle – ohne Betten, nur auf Stroh – gelegen. Und jedesmal, wenn ich in der Nacht nach ihnen geschaut habe, hat mir einer ständig dasselbe Wort zugerufen: „Sani, gib mir eine Spritze, daß ich verrecke!" – Es ist wie eine Litanei des Grauens gewesen.

Vor 33 Jahren ist der Krieg zu Ende gegangen. Sind Sie selbst damals halbwegs gut davongekommen oder haben Sie die Brutalität des Krieges noch einmal gespürt? In der Gefangenschaft, im Verlust von Heimat oder Wohnung, im Hunger, oder als Frau in der Angst des Freiwildes, das nie sicher ist vor gierigen Männern?

Der Krieg ist nichts Gutes gewesen. Aber vielleicht ist etwas von seinem Übelsten gewesen, daß er durch sein Unrecht und durch seine Grausamkeit auf beiden Seiten sehr vielen Menschen den Blick zu einem Sinn ihres Lebens genommen hat.

Aber der Krieg ist ja zu Ende gegangen. Auch seine Nachwehen sind verebbt. Wir haben seither Frieden.

Haben wir wirklich Frieden? Kriegsende und Friedensbeginn decken sich nicht unbedingt. Dazwischen liegt oft ein Stück Niemandsland. – Es ist noch nicht Friede, wenn der Herr Karl bloß seine Ruhe und sein Gabelfrühstück wieder hat. – Haben wir Frieden?

Was haben wir für den Frieden getan? Denn Friede wird es

nur, wenn wir daran arbeiten, ein besseres Zusammenleben zu finden; in Familie, Beruf, Politik, auch zwischen den Erdteilen und Rassen. Friede wird es nur, wenn wir die Ellbogen einziehen und dafür die Hände bieten.

Ich meine sogar, Friede wird es noch nicht, wenn wir uns nur auf Spielregeln des Zusammenlebens einigen. Friede wird es dauernd und tief erst, wenn wir eine letzte Begründung und unbedingte Verpflichtung für die Würde des Menschen suchen.

Max Horkheimer, ein Philosoph von eher revolutionärer Richtung, hat bei einem Gespräch gesagt: „Daß Liebe besser ist als Haß, das ist ohne Religion nicht zu begründen." Und weil Horkheimer fürchtet, daß der Glaube in der Welt tatsächlich ausgespielt hat, meint er: „Wir können nur mehr eines, die Sehnsucht hegen, daß das letzte Wort nicht das Grauen sein möge!"

Was tun wir für den Frieden, heute und jeden Tag? Was tun wir, um einander die Sorgen erträglicher und das Leben lebenswerter zu machen? Was tun wir, daß der Friede sich tief genug einwurzeln kann?

Mit dem, was wir versäumen oder tun, entscheiden wir, ob in unserer Zukunft das Grauen wartet oder der Segen eines in Gott begründeten Friedens.

Um den Frieden beten

Wenn ich Ihnen jetzt mit der Tür ins Haus falle; wenn ich Ihnen direkt sage: „Beten Sie für den Frieden!" – dann sind Sie sicher verwundert.
Nicht weil Ihnen am Frieden nichts liegt! Gott bewahre! Der Friede ist noch ein Anliegen, das alle Menschen, in Ost und West, verbindet. – Aber *beten* für den Frieden!? Arbeiten für den Frieden, als Politiker, als Journalist, im Betrieb, ja! Aber beten? Beten heißt doch nach unserem Empfinden, die Hände falten – und die Arbeit dem lieben Gott überlassen. Leider liefern wir Kirchgänger Ihnen einiges Material zu so einer Meinung. Aber echtes Beten ist anders. Das nimmt Gott ernst – und seinen Willen; daß er die Welt dem Menschen übergeben hat, auch den Frieden in der Welt.
Wer um den Frieden beten will, muß auch alles tun, um Frieden zu machen, in der großen Welt und im kleinen Kreis. Ein streitsüchtiger Egoist bleibt Kriegsbazillus für die Welt, auch wenn er den halben Tag auf den Knien liegt.
Gegen das Beten haben Sie vielleicht das Bedenken: Es funktioniert ja doch nicht! Sie haben früher einmal, wie Sie Ihre Geldtasche verloren hatten, zum hl. Antonius gebetet, zehn Vaterunser. Und der hat Ihnen auch die Tasche nicht wiedergebracht.
Ein Funktionieren dürfen wir vom Gebet tatsächlich nicht erwarten. Das Gebet ist nicht Geldstück für den Automaten, das man einwirft; dann surrt es, und der Friede kommt heraus. Gebet ist Gespräch, ist Ringen mit einem freien und geheimnisvollen Partner. Wir können Gott

nicht manipulieren – und werden ihn nie ganz begreifen, auch nicht in seinen Antworten auf unser Gebet. Aber wir haben die Zusicherung: Auf ein rechtes Beten wird sich etwas ändern, im Sinn unserer Bitte. Vielleicht vor allem unsere eigene Gesinnung, sodaß wir dann besser für den Frieden arbeiten können.

Sollten wir beten für den Frieden? Uns heutigen Menschen geht es wie den doppelten Lottchen, den Zwillingen im Film von Erich Kästner. Wie ihre Eltern sich scheiden lassen wollen und die zwei Mädchen keinen Weg mehr wissen, das zu verhindern, sagen sie: „Beten wir!" Aber dann schauen sie sich hilflos an – bis eines anfängt: „Komm, Herr Jesus, sei unser Gast, segne, was du uns bescheret hast!"

Es mag sein, daß wir das Beten verlernt haben. Wann ist in dem Raum, in dem Sie jetzt sitzen, das letzte Mal gebetet worden? Sollen Sie auch für den Frieden das einzige Kindergebet aufsagen, an das Sie sich noch erinnern? Ich meine, Gott würde darauf hören. Aber Sie können es noch besser! – Wenn Sie die Zeitung lesen, stoßen Sie immer wieder auf Meldungen über Krieg und Kriegsgefahr. Da denken Sie doch: Hoffentlich kommt es nicht so! Sagen Sie das einem zweiten, der im Zimmer ist; den Sie nicht sehen, so als ob er nicht vor, sondern hinter Ihnen stünde! Denken Sie an Ihre Kinder und sagen Sie ihm: Wenn es stimmt, daß du uns Menschen gern hast, dann schütze uns! Und bewahre uns vor einem neuen Krieg!

Als im Zweiten Weltkrieg der Bombenhagel auf unsere Städte niederprasselte, hat ein Dichter gesagt: „Nur Betern kann es noch gelingen, das Schwert ob unsern Häuptern abzuwenden!"

Wäre der Friede nicht wert, daß wir es jetzt schon riskieren – und um ihn beten?

Versöhnung mit sich selbst

Das Kind hat einiges, was wir Großen nicht mehr haben, z. B. einen recht glücklichen Frieden mit sich selbst. Vielleicht, weil es noch nicht reflektiert. Es schaut bloß herum – auf andere, auf Baukasten, Tiere, Menschen. Und es hat im *ersten* Herumschauen, wie es noch ganz klein war – und bis jetzt –, Bejahung, Zuwendung erfahren – von den Eltern und von anderen.

Wer spürt, daß er anderen etwas wert ist, der ist sich auch selbst etwas wert. Und der ist deshalb mit sich im Frieden.

Wie eigenartig nehmen sich vor so einem Kind manche Erwachsene aus. Ihre Wohnung, ihr Beruf, ihre Familie gibt ihnen nichts. Sie sind unzufrieden mit allem, auch mit sich selbst. – Woher dieser Wandel?

Vom Erwachen des Verstandes? Der denkende Mensch sieht, daß doch nicht alles sich um ihn dreht. Daß viele Menschen ganz gut ohne ihn leben möchten. Vielleicht steckt hinter diesem Wandel auch ein Stück ehrlicher Selbsterkenntnis: Wir sehen, daß wir den Mitmenschen ja einigen Grund geben, uns nicht bloß anzustrahlen – wie Eltern ein Kind. Wir erkennen unsere Schattenseiten und unsere Grenzen.

Diesen Grenzen, und dazu den unglücklichen Zufällen, der Bosheit, die man uns antut, und dem Tod vermögen wir keinen Sinn abzugewinnen. So fühlen wir uns als mangelhafte Wesen in einer oft sinnlosen Welt und sind mit uns und unserem Geschick zerstritten.

Vielleicht steckt der Keim zur Bitterkeit schon in manchem

Kind. Ein Kind, das zuwenig Zuwendung erfährt, kommt sich minderwertig vor. Und das kann ihm nachgehen durch das ganze Leben.
Gibt es für den verbitterten Menschen eine Versöhnung mit sich selbst?
Die Antwort hängt zuerst von allen jenen ab, die um so einen Menschen herum sind. Sie müssen ihm die Erfahrung verschaffen, daß er ihre Zeit und ihre Geduld wert ist; trotz seiner Grenzen. Nur über Mitmenschen findet er zu Eigenwerterfahrung und zu Selbstvertrauen. Freilich muß so ein Mensch auch einmal entschieden darangehen, vom ständigen Kreisen um sich selbst zu lassen und sich auch helfend den anderen zuzuwenden. Aber auch das ist noch nicht alles.
Um den Ärger über mich und über ein bitteres Leben zu überwinden, brauche ich die Hoffnung auf einen, der auch Schuld und Tod sinnvoll machen kann; der mich annimmt, so wie ich jetzt bin – und mir ermöglicht, so gut und so glücklich zu werden, wie ich jetzt noch nicht bin.
Ich brauche den Glauben, daß einer hinter mir steht, der mein ganzes Leben, auch meine Minderwertigkeiten, zu einem Reichtum für viele machen will. In diesem Glauben kann ich mich mit mir versöhnen: Ich kann mich selbst annehmen – von Gott, der mir gut ist!

Der Mensch vor Gott
in den Psalmen

Was ist der Mensch?

Das Buch der Psalmen ist das älteste Gebetbuch. In den Psalmen haben Menschen ihre Freude und ihre Not vor Gott ausgesprochen. Sie haben betend ihre Probleme bewältigt: die Dichter der Psalmen und die unzähligen Menschen später, die in den Worten der Psalmen ihre eigenen Anliegen ausgedrückt fanden. Ich möchte in diesem Kapitel einige von diesen Anliegen mit Ihnen durchdenken.
In *Psalm 8* fragt der Beter: „Was ist der Mensch!" Die Frage wird auch in unserer Zeit gestellt. Noch vor kurzem hat man gemeint: Der Mensch wird in Bälde der unumschränkte Beherrscher der Natur sein. Er ist daran, alle Naturgesetze zu enträtseln und sich dienstbar zu machen. Die Welt ist sein unerschöpfliches Materiallager, aus dem er herausholen und aus dem er herstellen kann, was er will. Einstweilen, so hat man gemeint, gibt es noch ein paar technische Schwierigkeiten. Aber die lassen sich beheben. Dann ist der Mensch erhaben über alle Katastrophen der Natur und der Gesellschaft. Was ist der Mensch? – Der Mensch ist alles!
Sie wissen, dieses Selbstbewußtsein ist inzwischen zusammengesunken wie ein angestochener Luftballon. Das Materiallager, so sieht man, ist nicht unerschöpflich. In absehbarer Zeit wird es aufgebraucht sein. Ein paar kräftige Erdbeben haben dem Menschen zum Bewußtsein gebracht, daß er wackeligen Boden unter seinen Füßen hat. Der Terrorismus zeigt ihm das auch in bezug auf seinen gesellschaftlichen Boden. Der Mensch hat Minderwertigkeitskomplexe bekommen. – Der Mensch ist nichts!

Was ist der Mensch? Der Mensch, der den Psalm 8 gebetet hat, hat sich die Frage auch gestellt. Er hat den Menschen auch gesehen in seiner Proportion zur großen Erde und zum noch größeren All. Er hat den Menschen sogar im Verhältnis zu einer noch erschreckenderen Größe gesehen. Erde und All hat er als Schöpfung und Spur des unendlich großen Gottes geschaut. So steht der Mensch als Endlicher vor dem Unendlichen, als Vergänglicher vor dem Ewigen. Was ist also der Mensch?

Das ist das Erstaunliche: Der Mensch, der vor Gott steht, bekommt keine Minderwertigkeitskomplexe. Seine Frage lautet nicht mehr einfach: „Was ist der Mensch?", sondern: „Was ist der Mensch, daß du an ihn denkst?" Der glaubende Mensch staunt, daß Gott sich seiner annimmt. Der betende Mensch ist betroffen darüber, daß Gott ihm so viel zutraut: Daß der Schöpfer ihm die Erde anvertraut.

Wer glaubt und betet, weiß: Der Mensch ist nichts aus eigener Macht. Aber er ist alles, weil Gott sich zu ihm neigt. Als Christen wissen wir sogar: Gott neigt sich nicht nur zum Menschen, Gott ist selbst Mensch geworden und hat des Menschen Geschick zu seinem Geschick, des Menschen Freude und Leid zu seiner Freude und seinem Leid gemacht.

Was ist der Mensch? Der glaubende und betende Mensch legt sowohl seinen Größenwahn wie seine Minderwertigkeitskomplexe ab. Er legt auch die lähmende Furcht vor der Zukunft ab. Da Gott dem Menschen so viel zutraut, traut er auch Gott zu, daß er ihn nicht im Stich läßt.

Wer fremden Göttern folgt

„Brave“ Menschen kommen sich manchmal als zu kurz gekommen vor. Sie sollen sich beherrschen, andere können genießen. Sie halten sich an die Gebote und sind damit die Dummen, andere brauchen die Ellbogen und arbeiten sich damit an die Spitze. „Brave“ Menschen stellen sich manchmal ein ungebundenes Leben beglückend vor, ein Leben unter dem Willen Gottes aber bedrückend.
Aber Menschen mit mehr Wirklichkeitserfahrung denken anders. Der Dichter des *Psalms 16* hat das Leben derer, die sich nicht an den wahren Gott halten, mit dem Satz charakterisiert: „Viele Schmerzen leidet, wer fremden Göttern folgt.“ Und aus eigener Erfahrung hat er zu Gott gesagt: „Mein ganzes Glück bist du allein!“ Die Götzen seiner Zeit haben den Leuten empfindliche Opfer abverlangt, manchmal Menschenopfer. Und ihre Zauberriten haben alle in Furcht gehalten.
„Viele Schmerzen leidet, wer fremden Göttern folgt.“ Prüfen Sie, ob das nicht auch von den modernen Göttern gilt! Zum Beispiel vom Auto. Das Auto ist vielen Menschen nicht mehr bloß Mittel zur Fortbewegung, sondern Statussymbol, Zeichen des Wohlstandes und des Prestiges bei den Leuten – ein Gott. Sie beten es an.
Denken Sie an den Götzen Konsum! Kaufen, verbrauchen, genießen, in ständig steigendem Maß! Unbeherrschter Konsum macht abhängig, nicht nur die Alkohol-, Drogen- und Sexsüchtigen; auch die, die meinen: Du kannst nie genug Schuhe haben oder nie genug Kleider oder Vergnügen.

Jeder übertriebene Konsum hinterläßt einen Katzenjammer. Und er zehrt nicht nur am Bankkonto, sondern an der geistigen und menschlichen Substanz.
Zum gesteigerten Konsum gehört gesteigerte Leistung. Auch die Leistung ist kein beglückender Gott. Unter Leistungsdruck werden schon Kinder psychisch krank. Und unter der Informationsflut, die es zur Leistung braucht, verkümmern Gemüt und Herz.
Was immer fremde Götter für Schmerzen bereiten, einen gemeinsamen Nenner haben alle diese Schmerzen: Sie verhindern die Erfahrung eines sinnvollen Lebens. „Wozu das alles?“ ist die Frage, die aufsteht und keine Antwort findet. „Viele Schmerzen leidet, wer fremden Göttern folgt.“
Fragen Sie dagegen Menschen, die sich von den fremden Göttern zur Nächstenliebe und zum Willen Gottes bekehrt haben! Fragen Sie Charles de Foucauld, der von einem ungebundenen Soldaten- und Abenteuerleben weg als christlicher Freund der Wüstenbewohner in die Sahara gegangen ist. Er hat Frieden gefunden. Fragen Sie die Mutter Teresa in Kalkutta, die sich der Ärmsten annimmt: Ihr Leben ist entbehrungsreich, aber glücklicher als das eines reichen Genießers. – Der gemeinsame Nenner aller ihrer Freuden: Sie spüren, daß ihr Leben Sinn hat und sie können aus Erfahrung zu Gott sagen: „Mein ganzes Glück bist du allein!“
Versuchen auch Sie, daß Sie aus Ihrem Niemandsland herauskommen, daß Sie aufrichtiger den Menschen dienen und sich dem wahren Gott allein ausliefern! Er kann Ihr Glück werden.

Der Mensch am Abgrund der Not

Es gibt Menschen, die wegen geringfügiger Enttäuschungen sagen: Wie kann Gott das zulassen? – und die schmollend das Beten einstellen.

Es gibt andere Menschen – im *Psalm 88* spricht so einer –, die ihr Leben lang von Not bedrängt sind und die dennoch das Gespräch mit Gott nicht aufgeben. Dieser Mann, der den Psalm 88 gedichtet hat, hatte es schwer. Er war krank von Jugend auf. Er war einsam. Die Freunde haben ihn verlassen. Er siecht dem Tod entgegen – und hat davor Angst. „Meine Seele ist satt von Leid und mein Leben der Unterwelt nahe", stöhnt er. – Aber das Furchtbarste ist: Durch die Maske seines unverständlichen Leides glaubt er den Blick Gottes drohend auf sich gerichtet. „Dein Grimm lastet auf mir", betet er. Weil Gott schweigt trotz seiner ständigen Bitten, fühlt er sich am Rand der Hölle.

Ein Mensch am Abgrund der Not. Für diesen Menschen ist Gott das unlösbare Rätsel. Für ihn gibt es keine Antwort, wieso Gott das zulassen kann. Er ruft zu Gott, dem absolut Unverständlichen.

Aber das ist auch die Größe dieses von Leid zermürbten Menschen: Auch nach einem langen Leben vergeblichen Betens, auch vor den Schrecken des Todes und der Hölle, auch an diesem Abgrund der Not verstummt er nicht. Er ruft, er schreit, schon Jahrzehnte, schon ein Leben lang, und unabsehbar weiter – zu Gott. Er nennt ihn trotz aller gegenteiligen Erfahrung „Gott meines Heils".

Vielleicht ist dieser Mann der eigentlich große Mensch.

Größer als die strahlenden Erfolgsmenschen, größer vielleicht auch als manche Heilige, die doch die liebende Nähe Gottes immer wieder erfahren haben. Der Mensch, der am Abgrund der Not nicht verstummt, dieser Mensch hat die Größe Gottes erfaßt und hat das konsequenteste Ja zu seinem Geschöpfsein gesprochen.
Ein polnischer Jude hat während des letzten Krieges, als das Warschauer Ghetto schon brannte und er mit Frau und Kindern dem Feuertod entgegensah, noch folgendes Gebet geschrieben (es hat das Feuer überdauert): „Ich bin dir nachgegangen, o mein Gott, auch wenn du mich von dir geschoben hast, ich habe dein Gebot erfüllt, auch wenn du mich dafür geschlagen hast, ich habe dich geliebt . . ., auch wenn du mich zur Erde erniedrigt, zu Tode gepeinigt, zur Schande und zum Gespött gemacht hast . . . Du hast alles getan, o Gott, damit ich nicht an dich glaube. Aber ich sage dir, mein Gott und Gott meiner Väter: Es wird dir nicht gelingen, mich von meinem Weg abzubringen. Du kannst mich schlagen, du kannst mich zu Tode peinigen, ich werde immer an dich glauben. Ich werde dich immer lieben – dir selber zum Trotz!"
Ein Christ müßte es eine Spur leichter haben als der alttestamentliche Beter des Psalms, auch als dieser Jude in Warschau. Ein Christ sollte wissen, daß sinnloses Leid nicht endgültig im Schweigen Gottes untergeht. Daß sinnloses Leid, wenigstens ausgehalten als Frage an Gott: „Warum hast du mich verlassen?", nicht in letzter Einsamkeit endet. Das Kreuz und die Auferweckung Jesu sollten es dem Christen erleichtern, auch im härtesten und unverständlichsten Leid mit Gott im Gespräch zu bleiben und ihn auch in seinem bedrückendsten Schweigen nahe zu glauben.

Er hat mir vertraut, ich will ihn retten

Ein Mann betet im *Psalm 91* zu Gott: „Du bist meine Zuflucht, meine Burg, mein Gott, dem ich vertraue!" Das hat er nicht nur mit den Lippen gesagt. Es ist seine Haltung geworden. Er ist ein Mann des Gottvertrauens gewesen. Dieser Mann hat die Antwort Gottes auf sein Gebet zusammengefaßt in den Satz: „Er hat mir vertraut, ich will ihn retten!"

Vielleicht haben Sie diese Antwort Gottes in Ihrem Leben noch nicht gehört. Vielleicht spüren Sie nichts von der rettenden Hand Gottes. Sie haben Angst, daß Ihnen heute auf der Autobahn etwas passiert. Morgen fürchten Sie den Schulweg der Kinder. Die Zukunft hängt vor Ihnen wie eine dunkle Wolke.

Der Mann, der den Psalm 91 zum erstenmal gebetet hat, hat Gott ein sehr lebendiges Vertrauen geschenkt. Bei Gott ist er sich vorgekommen wie unter einem schattenspendenden Baum mitten in der Hitze des Orients. Zu Gott ist er gestürmt wie in eine Burg, die ihn vor den Verfolgern schützt. Er ist zu ihm geflüchtet wie ein Küken, das unter die Flügel der Mutterhenne rennt.

„Er hat mir vertraut, ich will ihn retten!" war die Antwort Gottes. – Wieso machen Sie diese Erfahrung nicht? Haben Sie Gott schon einmal wirklich vertraut? Nicht nur mit Worten von Ihren Lippen, sondern aus der Mitte Ihres Herzens? – Wir sind alle Angstneurotiker. Der Schritt von der Angst zum Gottvertrauen ist ein Wagnis. Vertrauen ist nicht das zwingende Ergebnis einer Rechnung. Wer

vertraut, verläßt sich auf das Wort eines Glaubwürdigen, auch wenn er es selbst nicht überprüfen kann. Der Vertrauende liefert sich dem anderen aus und bleibt zuversichtlich, auch wenn er nicht alles versteht, was ihm begegnet.
Der Beter im Psalm sagt in seinem Vertrauen: Wenn ein Pfeil daherfliegt, fürchte ich mich nicht. Er trifft mich nicht. Wenn die Pest umherschleicht, habe ich keine Angst. Sie faßt mich nicht. Sogar über Löwen und Nattern gehe ich schadlos hinweg unter dem Schutz Gottes.
Das sind natürlich Bilder. Greifbaren Löwen ist auch dieser Mann nicht auf die Mähne getreten. Und in Schlangennester ist er nicht hineingestiegen. Das hätte auch er für Vermessenheit gehalten. Aber es sind Bilder für seine unerschütterliche Gewißheit: In allem, was mir begegnet, bin ich geborgen. Selbst im Unglück erleide ich im letzten keinen Schaden. Ich falle höchstens in Hände, die aus Leid tiefere Freude machen.
Die übertriebene Angst paßt nicht zum Menschen. Sie macht ihn krank und fürs Leben untauglich. Sie entspricht nicht der Wirklichkeit. Der Mensch ist geschaffen, daß er sich an Gott ausliefert in Vertrauen und Treue.
Versuchen Sie, damit wieder anzufangen. Tun Sie, was Sie verantwortungsbewußt sollen und können, und überlassen Sie den Ausgang Gott. Übergeben Sie sich und Ihre Lieben seiner Treue! Sie werden erfahren, freilich vielleicht anders, als Sie jetzt denken, aber Sie werden erfahren, daß er über Sie spricht: „Er hat mir vertraut, ich will ihn retten!“

Wohin mit der Schuld?

Sie kennen das moderne Problem: Wohin mit dem Abfall? In unserem täglichen Leben sammeln sich Tonnen von leeren Dosen, von zerbrochenem Geschirr, leider auch von verdorbenen Lebensmitteln. Es braucht eine Riesenorganisation, um das Zeug wegzuschaffen: die Müllabfuhr.
Sie kennen die noch größere Sorge mit dem Atommüll. Die Abfälle aus den Atomkraftwerken sind giftig. Sie strahlen. Wohin damit?
Ist es Ihnen bewußt, daß es eine noch schlimmere Sorte von Müll gibt und wir fragen müssen: Wohin damit? – Es hat einer die Treue in der Ehe gebrochen. Psychologisch vielleicht verständlich. Und doch weiß er: Es war verkehrt. Er trägt Schuld. Das Unrecht gegen seine Familie lastet und bleibt auf seinen Schultern. Und seine Tat strahlt Gift, hat Folgen: Er selbst ist nun anfälliger für Untreue.
Es muß nicht Ehebruch sein. Es kann auch langsam wachsende Rücksichtslosigkeit sein oder langsam sich ausbreitende Konsumsucht, als Folge davon langsame Abstumpfung für nicht konsumierbare Güter, für Gesprächsbereitschaft, Verzeihung, Wohltun, auch für Gebet und Leben unter den Augen Gottes.
Es türmen sich in unserer Welt Berge von diesem Müll und versperren den Blick und den Weg zu den besten Seiten der Schöpfung, zum Mitmenschen und zu Gott. – Wohin mit diesem Müll, mit der Schuld?
Der Dichter des *Psalms 130* hat diese angstvolle Sorge in seinem eigenen Leben empfunden. Er fühlt sich aussichtslos

hinabgestürzt in die Klüfte seines Schuldenberges. Er schreit aus Abgrundtiefen. Er weiß: Selbst kann er nicht heraus. Und kein Mensch kann ihn hinaufziehen.
Nur einer kann es. Der allmächtige Gott. Nur der kann so weit hinabreichen. Er allein kann auch die Folgen seiner Schuld entgiften, eine glückliche Schuld, eine demütigere und größere Liebe daraus machen. Daß Gott auf den Schrei aus der Tiefe hören wird, hofft der Psalmist, weil er selbst, Gott, das dem ganzen Volk zugesichert hat und weil er, der Psalmist, es in seinem Leben schon reichlich erfahren hat. – Freilich Beruhigung, Einschläferung seines Sündenbewußtseins hat dieser Beter nicht gefunden. Jede Nacht neu schaut er – wie der Wächter nach dem Morgen – nach Gott aus. Und jeden Morgen neu hofft er, daß Gott sich in Erbarmen zu ihm neigt.
Der Psalm 130 ist ein Lieblingspsalm von Martin Luther gewesen. Luther hat wie selten ein Christ aus der Tiefe des Sündenbewußtseins geschrien. Er hat auch wie selten ein Christ seine Zuversicht einzig und immer wieder auf das Erbarmen Gottes gesetzt.
Wir sollten die übelsten Schutthalden, die unserer Schuld, nicht mit Gras besäen, daß man nicht mehr sieht, was darunter liegt. Es wäre besser, uns in unserer Rat- und Hilflosigkeit, mit der ganzen Last unserer persönlichen und gemeinsamen Schuld, Gott zu stellen und aus unserer Abgrundtiefe zu schreien und zu hoffen: „Bei dir ist Vergebung!“

Ich habe meine Seele ruhig gemacht

Es ist noch gar nicht lange her, da war alles voll hochfliegender Erwartungen. Die Wissenschaft hatte die Welt endgültig in ihre weise und geschickte Hand bekommen; so hat sie gemeint. Und in der Kirche hatten wir den mündigen Christen entdeckt, und wir waren voll Zuversicht, daß nun nicht mehr Gesetz und Repression, sondern Vernunft und Freiheit die Szene beherrschen werden.
Der Umschwung ist schnell gekommen. Die Beherrschung der Natur zeigt sich nicht selten als Vergewaltigung der Natur. Wir spüren ihre Folgen in Umweltverschmutzung und ähnlichen Errungenschaften. Und der mündige Christ in der Kirche erscheint oft eher als ein Pubertärer, vor dem die Alten übergroße Angst bekommen, sodaß sie wieder nach strengeren Gesetzen rufen.
Im *Psalm 131* betet ein Mann, der für sich persönlich Erfahrungen gesammelt hatte, die denen unserer Zeit verwandt sind. Er hatte großartige Ideen und hochfliegende Pläne. Aber er konnte sie nicht durchziehen. Hätte er im Jargon unserer Tage gesprochen, so hätte er gesagt: „Ich bin frustriert." Er hat in seinem ehrgeizigen Streben nicht sein Glück gefunden, sondern sein inneres Gleichgewicht verloren. Aber dieser Mann ist weder in lahmer Resignation noch in Terrorismus steckengeblieben.
Er hat einen Schritt weiter gefunden als wir Grenzerfahrer von heute. Er hat erkannt: Über unüberschreitbare Grenzen hinauswollen, ist Hochmut. Es hat ihn Mühe gekostet, auf seine unreifen Jugendträume zu verzichten. Aber er hat es

getan. Er sagt: „Ich habe meine Seele ruhig gemacht." Er hat gelernt, seine Grenzen von Gott her anzunehmen. Und damit hat er einen Sinn in seinen Grenzen gefunden. Im Annehmen der Grenzen hat er einen Frieden gefunden, der tiefer ist als die Zufriedenheit, die man beim Erreichen von Plänen spürt. Er hat den Frieden Gottes erfahren. Jetzt strahlt sein Leben die Gelassenheit und die Festigkeit eines Menschen aus, der seiner selbst Herr und mit Gott eins geworden ist. Er schildert es in einem Bild: Früher, in seinen ehrgeizigen Tagen, hat er sich gefühlt wie ein Säugling, der die Mutter nur begehrt wegen der Milch. Jetzt kommt er sich vor wie ein entwöhntes Kind. Es begehrt die Mutter nicht mehr, es liebt sie – und ist darin tiefer glücklich. So fühlt er sich vor Gott. Früher hat er Gott gebraucht zur Erfüllung seiner Pläne. Jetzt drängt sich kein falscher Wunsch mehr zwischen ihn und seinen Gott. Jetzt liebt er Gott.

Es ist eine uralte menschliche Erfahrung: Nicht alle Grenzen lassen sich überschreiten. Sie können Ihre Anlagen nicht umkrempeln. Ihre Kindheit und Ihre ganze Vergangenheit bleiben in Ihrem Leben wirksam. Auch Ihre Umwelt, die Mitmenschen, den Ehepartner und die Verhältnisse können Sie nicht einfach umstellen, wie es Ihrer Meinung nach ideal wäre. Grenzen sind dem Geschöpf wesentlich. Ihre persönlichen Grenzen sind Ihnen von Gott als Teil Ihres Wesens zugedacht und können ein Teil Ihrer glücklichen Erfüllung werden. Wenn Sie Ihre Grenzen anerkennen, finden Sie Frieden – mit sich, mit der Umwelt und mit Gott. Und aus diesem Frieden heraus können Sie tatsächlich mehr und Besseres tun, als wenn Sie sinnlos gegen alle Grenzen anrennen.

Einträchtig zusammenwohnen

In mancher Familie habe ich die Klage gehört: Wir kommen zu keinem gemeinsamen Essen mehr. Der Bub kommt um halbzwölf aus der Schule, die Tochter um 13 Uhr, und der Vater kommt überhaupt erst mit Dienstschluß am Abend heim.

Das Zusammenleben zerbröckelt. Nicht nur in den Familien, auch in anderen Lebensgemeinschaften. Die Aufgaben sind verschieden, die Termine passen nicht zusammen. Man lebt wie im Hotel.

Ungefähr im Jahr 700 vor Christus hat im jüdischen Tempel während des Gottesdienstes ein Mann laut gerufen: „Es ist gut, wenn ihr zusammenwohnt!" Es war der Dichter des *Psalms 133*. Damals hatte bei den Juden die Großfamilie zu zerbröckeln begonnen. Bisher waren die erwachsenen Brüder möglichst beisammen geblieben, hatten so das gemeinsame Erbe zusammengehalten und der ganzen Sippe das Gefühl der Geborgenheit in einer festen Gemeinschaft geschenkt. Jetzt wollten die Brüder auseinanderziehen und eigenständig leben. Jener Rufer im Tempel hat gespürt, daß damit etwas Wertvolles verlorengeht. In orientalischen Bildern hat er den Wert des Familienverbandes geschildert. Das Zusammenwohnen, sagt er, ist wie der Tau, der nachts auf die ausgedörrte Erde fällt. Blumen und Gras erholen sich, werden frisch und schön.

„Es ist gut, wenn ihr zusammenwohnt!" Der Mensch braucht das Erleben der Gemeinschaft. Wenn er neben lauter Fremden in der Werkstatt steht oder wenn er mit Leuten nur am Schalter verhandelt, dann dörrt er menschlich aus. Der Staat und die Stadt sind zu groß. Darin ist er anonym. Zum Menschsein braucht er eine Gruppe von Vertrauten, mit denen er leben, lachen, essen und sich wohlfühlen kann. Das bloße Essen an einem Tisch tut es noch nicht. Auch am gemeinsamen Tisch kann die Atmosphäre gespannt sein, sodaß Mann und Frau, Eltern und Kinder nur gereizt miteinander reden. Wenn sie überhaupt noch reden. Die Sprachlosigkeit dringt in die kleinsten Gemeinschaften ein. Und dann dörrt der Boden der Menschlichkeit aus.

„Es ist gut, wenn ihr zusammenwohnt, einträchtig zusammenwohnt!“ Einträchtig, das heißt: Wenn ihr miteinander tragt – die Lasten; wenn ihr eure Sorgen ausredet und darin einander helft. Einträchtig, das heißt: Wenn ihr miteinander Freude tragt. Einträchtig: Dazu muß man an einem gemeinsamen Ziel arbeiten, und wenn es nur der Schulerfolg des Jüngsten ist, um den sich alle bemühen. Und man muß die verschiedenen Wünsche auf einen gemeinsamen Nenner bringen. Jeder muß bei Gelegenheit auch auf etwas verzichten. Nur sollen alle achtgeben, daß nicht immer derselbe verzichten muß. Einträchtig: Da muß schließlich einer den anderen tragen und ihm verzeihen. Und das einüben. Wenn es schiefgeht, wieder anfangen.

„Es ist gut, wenn ihr einträchtig zusammenwohnt!“ Zum glücklichen Menschsein hat Gott das einträchtige Zusammenleben erdacht. Probieren Sie es ein Stück, ob nicht Tau auf die ausgedörrte Erde fällt, sodaß etwas aufblüht: das Gesicht, die Lebensfreude.

Und Sie dürfen wissen: Das ist Tau von oben, Segen von Gott!

Stell dich Gott, und du wirst frei

Jeder Mensch hat Dinge, mit denen er allein nicht fertig wird. Eine große Freude kann ihn zerreißen. Und Sorgen können ihn erdrücken.

Er kann zunächst zwei Wege versuchen, um fertig zu werden: Mit einem Menschen reden. Das ist das erste. Über seine Freuden und über seine Sorgen. Das ist gut, oft sogar notwendig. Aber es löst nicht alle Probleme. Der Mitmensch kennt mich zu wenig. Er kann sich in mich schwer hineindenken, legt manches falsch aus. Wenn ich überhaupt einen Mitmenschen finde, der für mich Zeit und Interesse hat.

Der zweite Weg: er wird vor allem bei Belastungen gerne begangen. Ich kann die unangenehmen Dinge zu vergessen suchen, mich von ihnen ablenken, sie verdrängen. Sie liegen dann unverarbeitet in mir, wie ein unverdauter Brocken im Magen.

Der *Psalm 139* nennt noch einen dritten Weg, mit den unbewältigten Dingen fertig zu werden: „Stell dich Gott, und du wirst frei!"

Gott ist anders als der Mitmensch, dem ich meine Anliegen erzähle. Gott kann sich in mich hineindenken. Er kennt mich besser als ich selbst. Er kennt meine Gedanken, noch bevor sie in mir zu Begriffen und Worten ausreifen. Wenn ich mir noch gar nicht klar bin, was ich sagen werde, weiß er es schon.

Er kennt Dinge aus meiner Vergangenheit, die ich längst vergessen habe, und Wünsche aus meiner Gegenwart, die ich gar nicht ins helle Bewußtsein kommen lasse. Gott sieht in alle Winkel meines Lebens, auch in das Kellergeschoß meines Unbewußten.

Vor jemandem stehen, der mich total durchschaut, ist zunächst unangenehm. Denn ich trage nicht nur gute Sachen mit mir. Ich trage die Schatten meiner Schuld mit mir.

Vor dem allwissenden Gott kann ich wegzulaufen suchen, wie Adam und Eva nach ihrer Schuld. Sie haben sich vor Gott versteckt. Aber das war Selbstbetrug, Gott hat sie gefunden. Und das war umso beklemmender. Vor Gott kann ich keine Maske aufsetzen.

Es gibt nur eine vernünftige Möglichkeit: Stell dich Gott, und du wirst frei! Dem, was ich nicht hindern kann, zustimmen. Vor Gott nicht davonlaufen, sondern mich ihm stellen. Die Maske abnehmen und mich von ihm anschauen lassen. Wenn ich das tue, erfahre ich etwas Erstaunliches. Wenn ich seinen Blick zulasse, richtet er nicht, sondern richtet auf. Wenn ich sein Wissen um mich bejahe, bedrückt es nicht, sondern befreit.

Als der hl. Ignatius von Loyola seine Sündenlast offen vor Gottes Blick hingelegt hatte, war er wohl erst bestürzt. Aber dann hat er erstaunt bemerkt, daß Gott ihn anders anblickt, als er gefürchtet hatte. Nicht wie vom Richterstuhl aus, sondern vom Kreuz herab. Und Ignatius hat zum Gekreuzigten gerufen: „Was kann ich für dich tun?“ Er war befreit.

Davonlaufen, sich verstecken hat keinen Sinn. Zeigen Sie Gott also, was Sie Gutes und Schlechtes haben. Sagen Sie ihm, was Sie getan und was Sie unterlassen haben. Lassen Sie sich einfach von ihm anschauen. Bitten Sie, daß er Ihnen auf den rechten Weg hilft. Sie werden erfahren, daß Gott Sie nicht richtet, sondern rettet. Stell dich Gott, und du wirst frei!

Walter Rupp

Texte und Impulse

Ein Werkbuch für Predigt, Katechese und Gruppenarbeit
224 Seiten, Pappband
P. Rupp greift in seinem neuen Werk existentielle Fragen des Menschen, wie Welt, Zukunft, Angst, Freiheit usw. auf und bietet zu diesen Lebensfragen profane wie kirchliche Literaturproben, um dem Leser eine eigene geistige Standortbestimmung zu ermöglichen. Das neue Buch von Rupp ist ein ideales Werkbuch für alle Bereiche menschlicher Begegnung, besonders aber für Predigt, Katechese und Gruppenarbeit.
Von Pater Rupp liegen außerdem vor:
„Eltern heute – mit der Jugend konfrontiert“
„Beten – Leben – Meditieren“

Frederick Mayer

Schöpferisch älter werden

Wege zu einem erfüllten Leben
180 Seiten, Snolin
Frederick Mayers Buch wendet sich an jeden Menschen, der mit dem Erlebnis seiner Reife seine Chancen und Begrenzungen erkannt hat. Es will dem Leser ein volleres, reicheres Leben eröffnen, das besonders im Alter nicht in Resignation und Frustration zu enden braucht. So gesehen ist Mayers Werk eine einzigartige Lebenshilfe, eine Anleitung zu intensiverem Leben.
Frederick Mayer, Jahrgang 1921, Frankfurt/Main, ist Autor von 25 Büchern, die in viele Sprachen übersetzt worden sind.

Wilhelm Egger

Kleine Bibelkunde zum Neuen Testament

160 Seiten, Snolin
Willi Egger, durch sein bereits in zweiter Auflage erschienenes Werk „Gemeinsam Bibel lesen“ hervorgetreten, bietet eine kurzgefaßte Einführung ins Neue Testament. Das Neuartige an diesem Buch ist, daß der Autor durch die besondere Art der Darstellung jedem Christen den Zugang zum Schriftverständnis öffnet und die gemeinsame Erarbeitung vor allem in Familien- und Bibelrunden ermöglicht.

Ingrid Jorissen – Hans Bernhard Meyer

Feste und Zeiten 1

Advent – Fastenzeit
160 Seiten, Snolin

Feste und Zeiten 2

Ostern – Christkönig
160 Seiten, Snolin

Von Jorissen-Meyer sind zuletzt „Zeichen und Symbole im Gottesdienst“ erschienen. In den beiden Bänden „Feste und Zeiten“ geht es um ein bewußteres Feiern der Feste und Zeiten des Kirchenjahres, wodurch Schönheit und Tiefe des christlichen Kalenders für mehr Lebensqualität erschlossen werden sollen.

Monika Nemetschek

Zur Hoffnung befreit

Christsein als neue Lebensdimension
144 Seiten, Snolin

Der Erfolgsautorin von „Gott im Leben des Kindes“ geht es in ihrem neuen Buch um die lebendige Verwirklichung, Entfaltung und Verdichtung unseres Christseins. Sie selbst drückt es so aus: „Es ist die Absicht dieses Bandes, Sie Feuer fangen zu lassen; Sie für das Christsein neu oder wieder zu erwärmen. Es möchte zündender Funke sein, der in Brand steckt; Wind, der ein verglimmendes Feuer entfacht; Fackel, die ein verloschenes Feuer neu entzündet.“

TYROLIA-VERLAG, INNSBRUCK-WIEN-MÜNCHEN